缤纷以色列

主 编 孟振华　副主编 胡　浩　艾仁贵

以色列漫话

李永强 著

南京大学出版社

图书在版编目（CIP）数据

以色列漫话 / 李永强著 . -- 南京：南京大学出版社，2022.7
（缤纷以色列 / 孟振华主编）
ISBN 978-7-305-25322-5

Ⅰ. ①以… Ⅱ. ①李… Ⅲ. ①以色列 – 概况 Ⅳ. ① D738.2

中国版本图书馆 CIP 数据核字（2022）第 001363 号

出 版 者	南京大学出版社
社　　 址	南京市汉口路22号　邮　编　210093
出 版 人	金鑫荣

丛 书 名	缤纷以色列
丛书主编	孟振华
书　　 名	**以色列漫话**
著　 者	李永强
责任编辑	田　甜　　编辑热线　025-83593947

照　　 排	南京新华丰制版有限公司
印　　 刷	南京爱德印刷有限公司
开　　 本	880×1230　1/32　印张3.625　字数108千
版　　 次	2022年7月第1版　2022年7月第1次印刷
ISBN	978-7-305-25322-5
定　　 价	30.00元

网址：http://www.njupco.com
官方微博：http://weibo.com/njupco
官方微信号：njupress
销售咨询热线：（025）83594756

---

* 版权所有，侵权必究
* 凡购买南大版图书，如有印装质量问题，请与所购图书销售部门联系调换

编辑委员会

主　任：徐　新

副主任：宋立宏　孟振华

委　员：艾仁贵　胡　浩　孟振华　宋立宏
　　　　徐　新　张鋆良　［以］Iddo Menashe Dickmann

主　编：孟振华

副主编：胡　浩　艾仁贵

总 序

以色列国是一个充满奇迹的地方。早在两千多年前，犹太人的祖先就在这里孕育出深邃的思想，写下了不朽的经典，创造了璀璨的文明，影响了整个西方世界。在经历了两千年漫长的流散之后，犹太人又回到故土，建立起一个崭新的现代国家。他们不仅复兴了民族的语言和文化传统，更以积极的态度参与和引领着现代化的潮流，在诸多领域都取得了足以傲视全球的骄人成绩。

中犹两个民族具有诸多共同点，历史上便曾结下深厚的友谊。中国和以色列建交已30年，两国人民之间的交往也日益密切和频繁，各个领域的合作前景乐观而广阔。赴以色列学习、工作或旅行的中国人越来越多，他们或流连于其旖旎的自然风光，或醉心于其深厚的文化底蕴，或折服于其发达的科技成就。近年来中文世界关于以色列的书籍和网络资讯更是层出不穷，大大拓宽了人们的视野。

不过，对于很多中国人来说，这个位于亚洲大陆另一端的小国仍然是神秘而陌生的。即使是去过以色列，或与其国民打过不少交道的人，所了解的往往也只是一些碎片信息，不同的人对于同一问题的印象和看法常常会大相径庭。以色列位于东西方交汇点的特殊位置和犹太人流散世界各地的经历为这个国家带来了显著的多元性，而它充沛的活力又使得整个国家始终处在动态的发展之中。因此，恐怕很难用简单的语言和图片准确地勾勒以色列的全景。尽管如此，若我们搜集到足够丰富的碎片信息，并能加以综合，往往便会获得新的发现——这正如转动万花筒，当碎片发生新的组合时，就会产生无穷的新图案和新花样，而我们就将看到一个更加缤纷多彩的以色列。

作为中国高校中率先成立的犹太和以色列研究机构，南京大学犹太和以色列研究所携手南京大学出版社，特地组织和邀请了多位作者，共同编写这套题为《缤纷以色列》的丛书，作为中以建交30周年的献礼。丛书的作者中既有专研犹太问题的顶尖学者，也有与以色列交流多年的业界精英；既有成名多年的资深教授，也有前途无量的青年才俊。每位作者选择自己熟悉和感兴趣的专题撰写文稿，并配上与内容相关的图片，用图文并茂的形式呈现给读者，力求做到内容准确，通俗易懂，深入浅出，简明实用。也许，每本书都只能提供几块关于以色列的碎片，但当我们在这套丛书内外积累了足够多的碎片，再归纳和总结的时候，就算仍然难以勾勒这个国家的全景，也一定会发现一个崭新的世界。

孟振华

2021年3月谨识

目录

一　巴勒斯坦为何让犹太人念念不忘？ …… 001

二　犹太人流而不散的秘诀 ………………… 008

三　《塔木德》到底是什么？ ……………… 015

四　美丽与哀愁同在——耶路撒冷 ………… 022

五　谁是犹太人——以色列的困惑 ………… 034

六　一门"死语"的复兴 …………………… 041

七　以色列的政治生活 ……………………… 046

八　诡秘的情报组织——摩萨德 …………… 052

九　以色列经济支柱产业 …………………… 059

十　滴灌技术打造农业奇迹 ………………… 065

十一　以色列世俗化进程 …………………… 071

十二　矛盾与利益的交织——巴以冲突……… 082

十三　"一带一路"倡议下的新征程
　　　——中以关系图景………………… 090

结语……………………………………… 096

参考文献………………………………… 098

附录1　中以交往一枝春 ……………… 099

附录2　南京大学黛安/杰尔福特·格来泽犹太和以色列研究所简介……………………… 105

巴勒斯坦为何让犹太人念念不忘？

1948年，在这片名为"巴勒斯坦"的土地上，流散千年的犹太人终于建立了属于自己的国家——以色列，开启了新的生活。但在此之前，巴勒斯坦地区几乎没有多少犹太人，他们流散在世界的各个角落，主要集中在欧洲、北美洲和亚洲的小部分地区。那为什么短短半个世纪的时间，巴勒斯坦地区突然聚集了上百万的犹太人？他们到底因何而来？又为什么偏偏选择巴勒斯坦呢？

这一切就要追溯到三千年前犹太民族的历史中。犹太民族的早期历史充满了神话和传说色彩。据《希伯来圣经》记载，犹太人的祖先亚伯拉罕得到神的赐福，获得了迦南地，后来亚伯拉罕便和家人迁徙至此，而迦南地就位于今天的巴勒斯坦地区。因此犹太人认为巴勒斯坦地区就是上帝赐予他们的土地，是"美好、宽阔，流奶与蜜之地"，是犹太人的"应许之地"，无论世界发生了什么变化，犹太人的信仰没有改变，他们仍旧认为犹太人就应该居住在这里。即使在三千年之后，犹太人因为战争、饥荒等种种原因早已流散在世界各地了，但他们仍对这片土地念念不忘，希望能够回归巴勒斯坦地区，重新建立自己的家园。

最初的迦南地并不像《希伯来圣经》中描述的那样，是"美好、宽阔，流奶与蜜之地"，而是恰恰相反。相较于亚伯拉罕最初生活的"吾珥"地区,迦南地是贫瘠之地,自然条件险恶,饥荒频繁,唯一的优势便是此地连接了古埃及文明和两河文明,是一处重要的交通要道。相传在迦南地发生饥荒时,亚伯拉罕曾多次带着家人去邻近的埃及避灾,等饥荒过后,再返回迦南地。到了亚伯拉罕的孙子雅各生活的年代,迦南地又一次发生了大规模的饥荒,雅各再次带领他的家人前往埃及避灾。

此时的埃及早已步入鼎盛阶段,开创了以法老为君主的专制制度,不断建造的金字塔也展现了古埃及的强大与富庶,但寄居于此的犹太人的生活并不如意。相传在法老拉美西斯二世时期,由于受到埃及统治者的迫害和排斥,犹太人开始受到不公平的对待,并逐渐沦为奴隶,饱受折磨。在犹太民族面临民族灭亡的危机之时,摩西站了出来,在他的带领下,便有了《出埃及记》中所描述的犹太人离开埃及、返回

古代迦南地图

迦南地这样的行为。

犹太人在逃离埃及的过程中遭遇了很多奇幻又有戏剧性的事，例如摩西代上帝之命迫使法老同意犹太人返回迦南地。摩西先用权杖击打埃及河水，让埃及河中的水全都变成了血，以此来要挟法老，但法老很强硬，不愿意这么轻易地放犹太人走。于是摩西又把权杖伸到河水之上，让青蛙纷纷跳出来，布满了整个埃及，可法老仍不放犹太人走。于是摩西继续用权杖击打地上的尘土，让尘土全都变成虱子，爬在人和牲畜身上，接着摩西又召唤了成群的苍蝇、遍地的瘟疫、人畜身上的疱疹、雷轰与冰雹、遮天蔽日的蝗灾、连续三天的黑暗等，这些灾难都没有改变法老的态度，他仍坚决不放犹太人离开埃及。最后犹太人的上帝夜巡埃及，杀了所有埃及人的长子以及头生的牲畜，法老终于惧怕了摩西，也惧怕了犹太人的上帝，让他们速速离去。但等犹太人刚刚离开，法老又反悔了，立马派出军队追赶犹太人，追到红海时，摩西举起权杖，分开了红海，让犹太人直接从海底走过，而埃及人追到海中时，海水回流，所有的士兵和车辆被淹没，犹太人最终逃离埃及。

从这些故事中看，摩西的行为都远超常人的理解范畴，尽管起初的瘟疫、冰雹、蝗灾还能勉强解释为埃及恰巧遇到了这样的自然灾害，但用权杖劈开红海的行为，我想就算是当今世界上最先进的科技都无法实现。这不可能是真实的历史，但对于犹太民族来说，这些故事已经深深融入他们民族的血液之中，他们从小就耳濡目染，相信这些传说确确实实地发生在自己的先祖身上，相信自己的祖先付出了巨大的努力才最终回归了巴勒斯坦地区，回到了"应许之地"。也正因如此，在这种统一的历史渊源的熏陶下，不论时代如何变化，犹太人始终相信那里就是他们的故土，是他们终究要回归的地方。从这个角度看，他们将自己的民族起源建立在神话和传说上，以此增加自己的民族凝聚力和民族自信心，使本民族的文化能够世代相传。

当犹太人历尽艰辛从埃及回到巴勒斯坦地区时，却发现这片土地上早已生活了大量的迦南人，为了夺回上帝赐予他们的土地，犹太人开始了长达150年的武力征服活动，这次征服活动之后，犹太人才算正式定居于此。此时的犹太民族还未形成统一的国家，只是分成了12

非利士人打败以色列人

个部落自行管理,只有在与外族作战时,他们才会共同御敌。随着犹太人的长期居住,迦南地慢慢成为真正意义上的犹太家园,开始被犹太人称为"以色列地"。

那"巴勒斯坦"这个称呼是怎么来的呢?它源于另一个海上民族——非利士人,他们依靠强大的铁制武器从地中海向内陆推进,打到迦南后,开始称呼此地为"巴勒斯坦",它的意思为"非利士的国家"。第一次明确使用"巴勒斯坦"这一词语的是古希腊学者希罗多德,用来指代腓尼基和埃及之间的区域。到了罗马帝国时期,"巴勒斯坦"一词开始出现在官方文本中。当时罗马帝国统治着这片土地,他们对犹太教的亵渎引发了犹太人的一场大起义,史称"巴尔·科赫巴起义",这场起义以犹太人的失败告终,罗马帝国将犹太行省正式改名为"巴勒斯坦行省",并将犹太人驱逐出该地区,以此来消除该地区关于犹太人的痕迹。"巴勒斯坦"的名称一直延续到今天。

这次起义之后,上百万的犹太人开始流散至世界各地。他们的流散范围从最初的西亚地区扩大到地中海地区,再横跨欧洲,最后遍布世界。他们虽身处异乡,但也没有忘记自己的故乡,在长达1800年的流散期内,经常会有犹太移民返回巴勒斯坦地区居住。但返回故土其实并不是一件容易的事,路途遥远,行程困难,交通工具也不如今天这么发达,犹太移民经常面临海盗抢劫和沉船的风险,即使到了巴勒斯坦,也需要面临物质匮乏、疾病肆虐的处境。可即便如此,在耶路撒冷、希伯仑这些城市内也一直有犹太人生活。部分犹太人虽然无法亲身前往巴勒斯坦地区居住,但他们会将钱财捐给生活在那里的犹太人,帮助他们生活。除了这些物质上的联系,犹太人更多是在精神上与故土建立联系,他们在一日三餐或者犹太节日中,都会祈祷犹太民族能够重返巴勒斯坦地区,返回他们的"应许之地"。

实际上,犹太人选择返回巴勒斯坦的原因有很多,归纳起来主要分为内部原因和外部原因。内部原因主要是犹太传统文化的影响,犹太人认为自己天生就应该留在巴勒斯坦地区,这是他们最崇高的使命,只有居住在这里,学习犹太文化,才算是完成了传统犹太文化的训诫。另一方面,犹太人对死亡很重视,尤其是对埋葬地点,他们认为安葬在以色列地的犹太人,能够在死后享有更多的荣耀,这点也促使他们积极返回巴勒斯坦地区。除此之外,犹太人的弥赛亚观念中有这样一段解释,只有他们返回故土,才能加速弥赛亚的降临,拯救犹太人悲惨的命运。而外部原因主要是欧洲统治者对犹太人的迫害,他们为了生计被迫逃离定居点,就像几千年前他们的祖先离开埃及那样。

19世纪前后,犹太人不仅在经济上积攒了足够的财富,在思想上也深受欧洲启蒙运动的影响,开启了属于犹太人的启蒙运动——哈斯卡拉运动。思想的启蒙使犹太知识分子开始希望建立一个属于犹太人的主权国家,再加上世界局势风云莫测,此时正是犹太人回归巴勒斯坦复国的大好时机。因此在犹太复国主义思潮的影响下，犹太人开始正式地、有组织地、有计划地回归巴勒斯坦，建立属于犹太人的家园。

19世纪末，在赫茨尔的组织和领导下，世界犹太复国主义者协会正式成立，赫茨尔作为主席，明确宣布了犹太复国主义运动的目标是"在巴勒斯坦为犹太民族建立一个由公共法律所保障的犹太人之家"。在具体的行动上，犹太人开始成立公司参与巴勒斯坦地区的开发项目，成立国民基金会用于购置土地和发展定居点，同时游说大国首脑，获取他们的支持。游说活动最成功的案例就是英国政府发布的《贝尔福宣言》，它标志着犹太复国主义的目标正式被大国认可，同时也是犹太复国成功的关键因素。在《贝尔福宣言》中，英国赞同犹太人在巴勒斯坦地区建立民族之家的方案，承认了该地区与犹太人的历史联系，鼓励犹太人移居于此，并将犹太人的希伯来语定为与英语、阿拉伯语同等地位的官方语言，同时还允许犹太人在此地进行自治管理。可以说，通过《贝尔福宣言》，犹太人真正地、合法地回到了巴勒斯坦，开始以巴勒斯坦为中心继续开展复国活动。

值得一提的是，在最初的犹太复国主义大会上，巴勒斯坦并不是犹太人建国地点的唯一选择，因为此时的巴勒斯坦属于庞大的奥斯曼帝国，和一个大帝国抢地盘并不是一个明智的选择。面对这样一个棘手的问题，犹太人曾有很多候选地区，例如位于南美洲的巴塔哥尼亚，它在当时仍属于无主之地，但气候过于恶劣，并不适宜人类居住，因此犹太人否决了这个方案。西奈半岛也是候选地之一，但它严重缺乏水源，从尼罗河引水的方案不现实，因此也被否决。还有位于非洲的乌干达地区，它位于非洲东部的草原，虽横跨赤道，但降水丰沛，植物茂盛，总体来看，是适宜人类居住的。此时的乌干达是英国的殖民地，英国掌握了乌干达的大权，此时的英国为了获得犹太人的财力支援以及国际支持，愿意牺牲乌干达的利益帮助犹太人建国。赫茨尔知道此事后，还专程去了乌干达调研，他觉得乌干达自然条件适合，但黑人和白人移民太多，必然会引起强烈的种族冲突。最重要的是，此处位居内陆，没有出海口，对于善于经商的犹太人来说，一旦没有了经济的来源，世界大国们也不会继续支持它。因此犹太复国主义的代表们

大卫·本-古里安于 1948 年 5 月 14 日宣布以色列国成立

综合考虑了气候、环境、政治、商业、种族等多种因素后，否定了上述几处地点，并一致决定，未来还是只能在巴勒斯坦地区建国。在这个坚定信念的驱使下，犹太人展开了轰轰烈烈的复国主义运动，几经周折，最终于1948年建立了属于自己的以色列国。

犹太人之所以对巴勒斯坦念念不忘，并不单单因为这里是他们祖先生存过的地方，是他们的"应许之地"，他们也考虑了气候、环境、交通、经济条件等多方因素，认为巴勒斯坦地区是他们建国的最佳之处。只有在这里，他们才能够找回自己的民族文化传统，才能实现犹太民族的复兴。

犹太人流而不散的秘诀

公元70年，当犹太人的第二圣殿被焚毁后，犹太人就失去了自己的家园，他们被迫过上了背井离乡的生活，散落在世界上的其他国家和地区，开始了犹太人大流散时期。但谁又能想到，在历经了上千年的时间后，犹太人能够再次站在这片曾经被驱逐的土地上，正式宣布以色列国的成立。其实从世界民族的历史来看，被迫离开家园的民族还有很多，但当他们被灭国驱逐后，结局往往是被周边其他民族同化，最后整个民族彻底消亡。例如同属两河流域的苏美尔人，他们在5000年前就创造了灿烂的城市文明，还拥有自己的文字、文化，在建筑和科技水平上都达到了同时代较高的水平，但最终消失在历史的长河中。那犹太民族为什么能够在历经长达1000多年的漂泊后做到流而不散，最终还能够在故土实现涅槃重生呢？

著名学者汤因比曾总结了流散民族能够一以贯之的三个要素：一是要有在各种散居的环境中保持自身历史特性的信心；二是流散民族要有不愿意融入当地多数人社会的动机；三是必须有一定的经济基础。根据这个说法，犹太民族最为典型，从犹太人大流散开始一直到1948年以色列建国，他们的种种行为和遭遇无不印证了这个说法的正确性。

首先是犹太人能够在散居的环境中保持自身历史特性。在犹太人建立了自己的圣殿之后，他们就形成了较为统一的信仰基础，使自己的民族文化有了特性，因此在思想、文化和情感方面都起到了增强民族凝聚力的作用。在犹太人经历一次又一次的流散生活的同时，他们民族的共同信仰也在不断增强，这使得他们越来越紧密地联系在一起。实际上，除了公元70年之后的犹太人大流散之外，犹太民族在更早的时候还有过被掳至巴比伦的经历，当时新巴比伦王尼布甲尼撒二世率军数次攻破了犹太人的圣城耶路撒冷，并将数万名犹太人俘虏至千里之外的巴比伦，让他们成为阶下囚，史称"巴比伦之囚"。在巴比伦的犹太人虽然丧失了民族主权，但并不像真正的囚犯那样过着监狱式的囚禁生活，而是被安置在一片集中的地区生活，除了行动受到一定的限制之外，可以自由地从事任何职业，以及保持自己固有的犹太传统文化习俗。

这次流散仅仅持续了半个世纪，犹太人便回归了故土，但从结果和意义上来看，这次流散的经历对犹太人的影响是深远的。当犹太人被掳至巴比伦时，他们失去了国家，失去了圣殿，失去了上帝赐予他们的"应许之地"，但他们没有忘记自己的家园，没有忘记耶路撒冷。在《圣经·诗篇》中有这样的语句：

"我们曾在巴比伦的河边坐下，一追想锡安就哭了。"

"因为在那里掳掠我们的，要我们唱歌，抢夺我们的，要我们作乐，说：'给我们唱一首锡安歌吧！'我们怎能在外邦唱耶和华的歌呢？"

"耶路撒冷啊！我若忘记你，情愿我的右手忘记技巧。"

身在远方，犹太人对家乡的思念逐渐演变为犹太民族的愿望，这种重返耶路撒冷、回归故土的思想开始慢慢在民族血液中扎了根。而这种精神愿景也逐渐在被掳的犹太人中具象化，表现为犹太会堂的出现，巴比伦的犹太人定期聚集在会堂中，共同祈祷、共同学习，并回忆过去的光辉荣耀事迹。这种会堂相较于犹太圣殿，更注重以"人"为核心，而且是更易被建造和使用的。犹太会堂崇拜的出现使犹太人可以不用再受到国家和地区的限制，随时随地聚集起来，进行祷告和学习。这种行之有效的维系民族信仰的手段极大地增强了犹太民族的凝聚力。等他们离开巴比伦重返家园，建立了第二圣殿之后，这种会

特拉维夫大学内的犹太会堂（意大利风格） 刘洪洁 摄

堂崇拜的传统被继续保留了下来，成为犹太民族文化的重要一环。

从巴比伦之囚的持续时间来看，它远远比不上之后长达数千年的大流散，但从结果和意义上来看，这次短暂流散的意义无疑是巨大的，甚至可以看成是犹太民族大流散的一次提前演习。犹太人通过流散巴比伦的经历，领会了该如何更好地提高民族凝聚力、增强民族特性，因此他们也不再惧怕自己又一次被迫离开巴勒斯坦了。与此同时，犹太人流而不散的秘诀悄悄在民族文化中生根发芽，在之后的日子里，随着律法、教义以及教规等的完善和成熟，犹太人最终形成了一支具有独特文化的民族。可以说，正是大流散之前的散居经历让他们学会了如何在其他国家和地区依然保持本民族的文化。

其次，犹太人有太多不愿意融入当地多数人社会的动机。从文化的根源上看，犹太人的信仰只属于犹太民族，欧洲和其他地区的民族信仰虽然与其有所关联，但涉及原则问题时，双方会产生激烈冲突。这就导致犹太人虽然生活在其他的国家，但思想无法与当地居民统一，他们坚持着自己的民族文化和信仰。如果这个根源上的问题无法解决，那犹太人就无法真正地和其他民族相融合。

根源上的精神原因衍生出来的一些具体问题也使犹太人难以与当地人融合。例如社区隔离和通婚问题。由于犹太人坚持自己的传统文化，所以当流散到其他国家时，他们也总是主动地或者被迫地聚居在犹太社区内。最著名的就是"隔都"的出现，统治者将犹太人封闭在划分好的一片地区内，避免他们与当地人杂居，犹太人日常所见的大多数都是本族人，难以经常接触当地民族，因此也难以深入地了解当地文化，那民族融合也就无从说起。另一方面，犹太人的婚姻文化也是其无法被同化的关键原因之一。一般情况下，通婚是两种文化交融和民族同化较为高效的方法之一，两个民族通过婚姻的缔结能够友好相处，互通有无，慢慢达到关系融洽、文化互补的局面，最后主体民族就会将少数民族的文化吸收进自己的民族文化中，少数民族被同化。但犹太民族的婚姻文化巧妙地避开了这点，他们主张族内婚姻，不鼓励与外族通婚，再加上社区隔离的外部因素，世世代代下来，犹太人的民族文化特性没有因为通婚而削弱，反而得到了不断的强化。

到了中世纪，排犹和反犹现象是犹太民族一直需要面临的问题。很多国家和地区的统治者和民众对犹太人充满了厌恶，因为在当地人看来，流浪而来的犹太人是一群异教徒，他们行事怪异，生活习俗和文化都与当地格格不入，而且他们大多从事金融业，掌握了大量的财富，以发放高利贷为生，没有一点人情味儿，往往把人逼得家破人亡。对犹太人的这种印象在莎士比亚的经典作品《威尼斯商人》中体现得淋漓尽致，莎士比亚描绘了一个爱财如命、贪得无厌、心胸狭窄的犹太商人夏洛克的形象。这虽然是一部文学作品，但也从侧面体现出当时犹太人的社会地位。二战时期，希特勒的种族灭绝政策更是体现了他对犹太人的所有仇恨，但希特勒也只是反犹的一个"集大成者"，因为在那个时期的欧洲，从统治者到下层民众，无不心照不宣地对犹太人实施着迫害。在电影《辛德勒的名单》里，曾有这样一个画面，被救出集中营的犹太人问苏军士兵："我们该去哪里？"苏军士兵说："你们别往东边去，那边的人讨厌你们。"然后这位士兵又说："如果我是你们，我也不会向西走。"事实如此，犹太人哪里也去不了，更不能真正融入社会之中，所以他们只能抱起团来，寻找新的家园。

最后，经济因素对犹太民族的重要性是毋庸置疑的。如果没有充足的经济基础，犹太民族难以幸存，更不可能有机会建立自己的国家。早在中世纪时期，散居在欧洲的犹太人就已经通过金融业掌握了巨额财富，犹太人通过金钱与普通民众、贵族乃至统治者产生联系，也正是因为犹太人的经济实力，一些当地的统治者会出面保护犹太人，保证他们的生存空间不被侵犯，或者赋予他们一些额外的权力。例如在15世纪的意大利，佛罗伦萨的统治者奥托就曾出面逮捕了基督教的修士，理由是他在布道中大肆指责了犹太人的放贷行为；威尼斯的统治者也发出警告，禁止基督徒煽动民众的反犹情绪，否则将毫不留情地进行逮捕。

历史上的犹太人从金融行业中获得了难以想象的经济优势，直到今天，他们的经商天赋仍被人们津津乐道。但实际上，最初并不是犹太人主动想要从事这些行业的。在同样重农抑商的欧洲古代社会中，商业是一个被歧视的职业，农业才是人类主要和稳定的经济来源。犹太人在没有被驱逐出巴勒斯坦地区之前,他们也是一个农业民族。但当他们被迫流散到其他地方时,没有本地人愿意把自己的土地让出来给犹太人耕种,而且统治者还会对犹太人的职业进行一些限制,例如禁止他们从事手工业、纺织业等,被逼无奈的犹太人只能选择一些其他限制较少、地位较为低下的自由职业,因此大量的犹太人开始从事贸易行业或金融行业。

虽然封建社会中商人地位比较低,但实际上,商人的生存空间是十分巨大的。尤其对于欧洲的犹太商人来说,因为欧洲的政权较为分散,每当不同的封建君主之间发生激烈冲突时,犹太商人的巨额财富便成了封建君主们最有力的武器,他们指望通过犹太商人的财富提高自己的实力,而犹太商人也会依附他们,以金钱换取生存权利。

到了 20 世纪前后,犹太商圈的发展已经十分成熟,很多商人已经发展为世界性的大家族,除了我们熟知的罗斯柴尔德家族,还有被称为"东方罗斯柴尔德"的沙逊家族、瓦尔堡家族等,他们起初大多

21 世纪初流散的犹太人返回巴勒斯坦地区

都从事银行业，后来成为遍布世界的企业帝国。在犹太复国运动中，这些犹太家族都提供了大量的资金，支持犹太复国主义事业，帮助犹太民族顺利地聚集在巴勒斯坦地区，建立属于自己的家园。

在犹太复国主义运动的号召下，大批心怀复国梦想的犹太人回到巴勒斯坦地区，最终于1948年5月14日，在英国托管期结束前一天的子夜，以色列国正式宣布成立，犹太民族长达1800年的流散史终于画上了句号。他们靠着文化自信，靠着团结一致，靠着积累财富，完成了祖辈们的梦想，在巴勒斯坦地区涅槃重生。

三

《塔木德》到底是什么？

在伟大的犹太物理学家爱因斯坦去世前不久，曾有人问他，如果他能再活一次，他会做哪些其他的事，他毫不犹豫地回答："我会研究《塔木德》。"金融大王摩根说："我的棺木中不要黄金、支票和任何股票，它们都是不牢靠的，我只要一部犹太圣典《塔木德》。"《塔木德》到底是什么？它为什么被称为犹太人的第二圣经？它对犹太人来说又到底意味着什么？

大多数人对《塔木德》的印象来源于网络或者书店里所宣称的"犹太人的千年智慧""犹太人的经商之道"，或者"犹太人的处世哲学"，等等，仿佛作者和书商要穷尽所有赞美之词去夸奖《塔木德》。它似乎包罗万象，涵盖着所有问题的答案，不管是成功之道、经商之道，还是教育子女、生活处事，我们似乎都可以在上面寻求到自己想要的任何东西，但真的是这样吗？

实际上，《塔木德》并不是一本普通意义上的书，而是一本跨越了约700年历史的犹太教口传律法及其解释的文献汇编。它主要由两部分构成，分别是《密释纳》和《革马拉》，《密释纳》是《塔木德》的核心部分，主要内容是犹太人的口传律法，而《革马拉》则是对《密释纳》内容的阐释和评注。目前《塔木德》一共现存两个版本，分别是《耶路撒冷塔木德》和《巴比伦塔木德》，出现两个版本

《塔木德》第一页

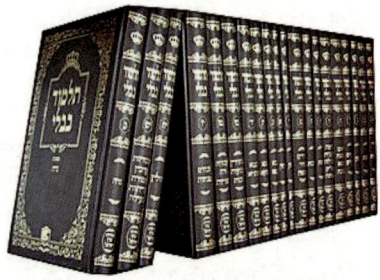

《巴比伦塔木德》

三 《塔木德》到底是什么?　017

《塔木德》手稿

的原因是两者编纂完成的地区不同,一个是在巴勒斯坦地区完成的,另一个是在巴比伦地区完成的。两者相较而言,《耶路撒冷塔木德》内容较少,连续性较差,而《巴比伦塔木德》则卷帙浩繁,全文共三十五卷,约有一万两千多页,两百五十多万字,它的篇幅也是《耶路撒冷塔木德》的七至八倍,因此当人们提到《塔木德》时,多是指《巴比伦塔木德》。

《密释纳》作为《塔木德》的核心,总共分为六大部分。分别是涉及农事耕种的"种子"篇,涉及犹太节日的"节期"篇,涉及婚姻、妇女和家庭的"妇女"篇,涉及损害他人权利如何赔偿的"损害"篇,涉及圣殿祭祀相关的"圣职"篇以及涉及器皿和个人卫生问题的"洁净"篇。这六大部分中,每部分含有十卷左右的具体内容,例如在第二部分"节期"篇中,包含"安息日""混合""逾越节""舍客勒""盛日""住棚节""节蛋""岁首""斋戒""经卷""小节期""节仪"等十二卷内容;又如第三部分的"妇女"篇,包含"转房""婚书""许愿""拿细耳人""不贞""休书""婚约"等七卷的内容。总的来说,《塔木德》内容极其丰富,详细地规定了犹太人从出生到去世的各种行为,上至宗教、法律、伦理,下至犹太人的衣食住行、婚丧嫁娶等等。

除了上述的条文律法之外,《塔木德》中还包含了大量犹太拉比对某一个条文案例的争论,它通过更加具体的、有示范性的解释来确定每一项犹太律法的适用范围。例如在《利未记》中有这样一句话:"不可报仇,也不可埋怨。"从字面意思来看,这句话是告诫犹太人如果受到了不公的待遇,不能报仇,甚至还不能埋怨,如果真是这样的话,我想这是任何人都难以接受的。那这两句话到底应怎样解读呢?犹太人应该在哪些情况下不可报仇、不可埋怨呢?《塔木德》第19章第18节是这样解释的。

报仇的涵义是什么呢?

假如一个人对另外一个人说:"能否把你的镰刀借我用一用?"那人没有借。

第二天,那人来找第一个人说:"能否把你的铲子借我用一用?"

第一个人回答:"我不借给你,因为你没有把你的镰刀借给我。"

在这种情况下,经上说:"不可报仇。"

埋怨的涵义是什么呢?

假如一个人对另外一个人说:"能否把你的铲子借我用一用?"那人没有借。

第二天,那个人对第一个人说:"能否把你的镰刀借我用一用?"

第一个人这样回答说:"我才不像你呢,因为你没有把你的铲子借我,我也不借给你用我的镰刀。这儿,拿去吧。"

在这种情况下,经上说:"不可埋怨。"

这样一来,关于犹太人"不可报仇、不可埋怨"的含义就更加清晰,

三 《塔木德》到底是什么？

拉比讨论《塔木德》的场景　奥地利画家卡尔·施莱歇尔

研究《塔木德》的犹太人

人们也就能在日常生活中更好地理解和把握各种训诫的含义。除了指导这些日常生活可能会发生的实际情况之外，《塔木德》还会认真地讨论一些天马行空的问题，例如，假如一只老鼠把面包屑带进已为逾越节除酵的屋子（逾越节中犹太人不吃发酵的食物），人们应如何解决。拉比们开始分析老鼠本身，它进屋前后屋内面包屑的数量，后来又有另一只老鼠进屋的可能性，等等。关于这老鼠的讨论甚至占了《塔木德》整整一页内容，而这些讨论都是为了解决"老鼠是否留下面包屑"的问题。

这些问题往往看上去十分荒谬，但当科技进步之后，这些在当时看来荒诞不经的讨论，却凸显着它们的重要性。例如他们曾在千年前讨论关于"空中楼阁"的问题，也花了很多时间讨论人工受孕的问题，以及在这种情况下母子的伦理关系应该是怎样的。关于这些问题的讨论一直到现在才看起来有了意义，而另一些在目前看来仍不知所云的讨论，或许未来也能为某些重大问题提供答案。

总的来说，《塔木德》更像是一套关于犹太学者进行讨论和反思的书，而不是指导犹太人该做什么，不该做什么的书。古代的犹太学者热衷于研究《塔木德》，一方面是为了成为一名合格的拉比，成为一名宗教领袖；另一方面，犹太拉比是为了顺应时代的变化，因为对变化的现实情况进行新的解释和讨论也需要花费大量的时间阅读《塔木德》。对于普通的犹太人来说，他们阅读《塔木德》的目的更加单纯，就是为了寻找其中的条文指导自己的生活，从而更接近上帝传达的终极真理。

直到现在，《塔木德》仍是很多犹太人每天必读的书籍，对犹太人产生着重要的影响。"每日一页"（Daf Yomi）《塔木德》学习方法的出现，让更多人开始有计划地学习《塔木德》。1923年，犹太拉比梅厄·夏皮罗开展了一项国际性的学习《塔木德》的计划。他首先制定了一个时间表，确定了《塔木德》第一个周期的学习时间，并且将整个世界设想为一个巨大的塔木德教室，通过全球对话网络将所有学习者连接起来，按照每天一页的速度共同学习《塔木德》，最终所有学生将在七年半之后学完《塔木德》，学习完《塔木德》

之后，会有一个盛大的仪式来庆祝人们的学习成果，而这个活动的出席率似乎也证明了《塔木德》越来越受欢迎。以七年半为一个周期，在 1975 年，第七个学习周期完成后，"每日一页"的学习者在纽约曼哈顿中心举行了盛大的庆祝仪式，当时有 5000 人参加。到了 1990 年，约有 2 万人参加了这场庆祝仪式，而到了 2012 年，在第 12 个周期结束时，新泽西大都会人寿体育场的 9 万个座位全部售罄。

在我国的大小书店中，各种名为《塔木德》的相关书籍也成为热门读物，很多都被摆放在畅销书书架上。但实际上，这些书籍 99% 都不是真正的《塔木德》，几乎都为挂羊头卖狗肉之作，一些人胡编乱凑出犹太人的小故事，就打着《塔木德》的名号教育读者。如果想看中译原版且完整的《塔木德》，那很遗憾，现在我国还没有完整的中译本《塔木德》，但已经有专家在致力于翻译《密释纳》，目前已经出版了其中前两卷，即"种子"卷和"节期"卷。翻译整套《塔木德》是一项长久又艰巨的任务，可能需要几代人的努力，如果顺利完成，中译本《塔木德》必定也能像《圣经》那样，成为我们了解犹太民族的重要典籍。

总的来说，《塔木德》是犹太人继《圣经》之后的一部重要典籍，相较于《圣经》的庄严肃穆，它更像是一本犹太人日常生活的指导书，包罗万象，大到律法、伦理、农事、典礼，小到饮食、沐浴、出行等，它都详细地告诫犹太人应如何行事。书中还充满了思辨智慧，也正因如此，《塔木德》才能够延续上千年，成为犹太人的"第二圣经"，成为犹太民族世代相传的经典。

四 美丽与哀愁同在——耶路撒冷

"世界若有十分美,九分在耶路撒冷。"——《塔木德》。

耶路撒冷是一座神圣之城,又是一座欲望之城,它作为世界上较古老的城市之一,它的美令世人魂牵梦萦,却又带给人民无尽的战争。我想没有哪个城市能像耶路撒冷这样,被不同文化、不同国家和不同民族的人密切关注着,从古至今,耶路撒冷一直处于历史、政治和宗教交汇的漩涡中,一次又一次地被包围、破坏和重建。想要征服它的有法老、以色列人、巴比伦人、波斯人、希腊人、罗马人、阿拉伯人、十字军战士和奥斯曼人等。直到现在,它仍是两个国家的首都,三大宗教的圣地。对于耶路撒冷来说,这既是对它的祝福,也是对它的诅咒。在信仰者眼中,它的美不仅仅局限于这座地上之城,更在于天上之城,他们感受着耶路撒冷圣城散发的光辉与荣耀,沐浴在它洒下的圣光中,仿佛一切忧伤与哀愁都消失殆尽。

"耶路撒冷"这个词的起源至今仍有较大争议。根据《希伯来圣经》的解释,一般认为它是耶路(Yireh)和撒冷(Shalom)两个词的组合。耶路指的是亚伯拉罕的儿子以撒献祭的地点,撒冷则是大祭司麦基洗德的住处,他曾在这里为亚伯拉罕祝福。此外,撒冷又有和平的意思,因而耶路撒冷又有"和平之城"之称。在《圣经》中,这座城市有一个更诗意的名字——"锡安"。除此之外,耶路撒冷也被称为"大卫城""摩利亚山"等,犹太拉比们给耶路撒冷起了多达70个名字,用来称赞这座城市的美丽。在伊斯兰教中,这座城市也有17个名字,但最常见的就是"圣城"。

犹太人把耶路撒冷当成他们古老的家园,当大卫王击退了迦南人,占领了耶路撒冷后,耶路撒冷的地位才真正地开始显赫起来。在大卫王的继任者所罗门王统治时期,他建造了属于犹太人的第一圣殿。据《圣经》记载,这座圣殿使用的是上等木料和金子,"殿里面用香柏木板贴墙,从地到棚顶都用木板遮蔽,又用松木板铺地……内殿长二十肘,宽二十肘,高二十肘,墙面都贴上精金;又用香柏木作坛,包上精金……内殿外殿的地板都贴上金子。又用橄榄木制造内殿的门扇、门楣、门框,门口有墙的五分之一"。花费了13年时间,这座宏伟华丽的所罗门圣殿最终建成。正是第一圣殿的建立,开始让犹太人心中更加明确了家园的位置,至今,他们无论身在何方,都会向着耶路撒冷所在的方位祈祷。在每年逾越节的晚餐上,许多散居世界各地的犹太人都会以"明年在耶路撒冷相见"作为结语,表达他们对回到圣地的期盼。

在所罗门死后,巴比伦国王尼布甲尼撒二世便率领他的铁骑攻陷了耶路撒冷。他们用一把火烧毁了壮丽的所罗门神殿,又把犹太人全部囚掳到巴比伦。繁华一时的耶路撒冷变成了一座废墟,这里再也听不到犹太人的祈祷声了。到了居鲁士二世统治时期,仁慈的他允许犹太人返回他们的家园重建耶路撒冷,所罗巴伯和祭司约书亚带领犹太民族回到了圣地,他们兴高采烈地开始重建圣殿,囿于经济条件,这座圣殿相比之前就寒酸了很多,可依靠着新的圣殿,耶路撒冷仍重铸了往日的荣光。岂料短短数百年后,第二圣殿又被罗马人一把火焚毁,而留下来的就仅仅只有一堵墙。直到今天,这堵墙依旧伫立在那里,如果去耶路撒冷旅游的话,你将能看到这堵巨大的石墙,墙下站满了犹太人和游客。很多散居世界各地的犹太人都会站在这面象征犹太信仰和苦难历史的墙下低声祈祷,缅怀昔日的民族荣光,祈祷着民族能够不再遭受灾难,这堵墙仿佛也在诉说着天堂与人间的纷争,它被称为"哭墙"。

以色列哭墙 Snowscat 摄

第二圣殿被摧毁后，基督徒从犹太人手中继承了耶路撒冷的主导权，他们认为耶路撒冷是耶稣居住、死亡、复活、升天的地方。公元4世纪，君士坦丁大帝下令将耶路撒冷变成一座基督教城市，他着手建造了复活大教堂（也被称为圣墓教堂），以之作为他们的圣殿。基督徒们在整个城市建造神殿以纪念那些与耶稣有特殊联系的地方，并开创了这座城市最辉煌、最繁荣的时代之一，朝圣者从四面八方来到耶路撒冷，朝圣之旅一直持续到现在。

但重现荣光的耶路撒冷没有持续太长时间，到了公元6世纪，波斯人侵了这座城市，它的繁荣再次被终结，耶路撒冷的居民被屠杀，基督教教堂被破坏。随后又经历了几个世纪的征服活动，耶路撒冷的控制权不断在变化，而受到多次战争洗礼的耶路撒冷一直处在荒芜的境地，瘟疫肆虐，很多建筑处于年久失修或者完全腐烂的状态。

公元632年，穆斯林军队也开始加入这场战争，他们占领了耶路撒冷，由基督文化主导的耶路撒冷很快就变成了穆斯林城市。耶路撒冷成了伊斯兰教的第三圣地，其地仅次于麦加和麦地那。公元691年，在位的哈里发在犹太人的第二圣殿的旧址上建造了岩石圆顶清真寺，它比圣墓教堂还要高，它象征着伊斯兰教战胜犹太教和基督教。而关于岩石圆顶这个称呼的由来，还有一个小故事，相传伊斯兰教创始人穆罕默德52岁时，在一个夜晚被天使从梦中唤醒，随后他骑上一匹银灰色人头牝马，追随天使从麦加来到耶路撒冷，脚登一块岩石，升上"七重天"，接受"天启"后，黎明时返回麦加。这块穆罕默德脚踩的岩石便成了这座清真寺的名字。

在接下来的400年里，随着该地区阿拉伯内部的势力不断争夺这座城市的控制权，耶路撒冷的声望逐渐减弱。直到十字军东征时期，耶路撒冷再次成为世界的焦点。1099年，十字军东征的士兵占领了耶路撒冷，屠杀了大部分穆斯林和犹太居民，驱逐了当地的基督徒，建立了十字军耶路撒冷王国。穆斯林圣地再一次成了基督教圣地。可是没过100年，萨拉丁发动了"一场轰轰烈烈的圣战"，他率领三万穆斯林大军向耶路撒冷进发，耶路撒冷再次易主，成了穆斯林的地盘。后来，耶路撒冷又经历了数次战争，最终落入奥斯曼土耳其人手中，

圣墓教堂内部　邵然 摄

开始进入复兴与和平时期,昔日的繁荣慢慢重现。

有意思的是,如果就建筑本身而言,穆斯林的圆顶清真寺是在犹太人第二圣殿的废墟上建立起来的,到了十字军东征时期,圆顶上被添加了个十字架,就成了圣殿骑士团的总部。再到后来的马穆鲁克时期、奥斯曼帝国时期,每一任的统治者似乎都很喜欢这个建筑,他们都会抹去前任的标志,改换成自己的标志。这样一来,这座本来属于穆斯林的建筑却在不同时期被添加上不同风格的标志,象征着不同时间段内耶路撒冷权力的不同归属。

1917年,耶路撒冷战役后,由埃德蒙·艾伦比将军率领的英国军队再次占领了这座城市。此后大量的犹太人和阿拉伯人向这个地区迁徙,1922年到1948年,耶路撒冷的总人口从5.2万人上升到16.5万人,其中三分之二是犹太人,三分之一是阿拉伯人。但随着各民族人口数量的增长,不同民族之间的关系不断恶化,动乱时常发生。1948年以

圆顶清真寺 马丹静 摄

1099 年十字军围攻耶路撒冷的绘画

四 美丽与哀愁同在——耶路撒冷

十字军东征遗址复原图 邵然 摄

色列建国后,以色列实际控制了西耶路撒冷和外约旦,而约旦控制了旧城和东耶路撒冷的大部分地区。阿拉伯人离开西耶路撒冷,犹太人离开旧城的犹太区,不同民族之间的居住区被彻底地隔离,但关于耶路撒冷的所有权纠纷却没有被彻底解决。虽然以色列前总理大卫·本-古里安宣布耶路撒冷为以色列"永恒的"和"神圣的"首都,但实际上因为战争和领土纠纷等,以色列的立法、司法、国防等所有政府部门都建在特拉维夫。直到1967年6月的六日战争,以色列人从约旦手中夺取了包括东耶路撒冷和老城在内的约旦河西岸,这才实际控制了完整的耶路撒冷。

从古到今,耶路撒冷一直是一个充满争议的城市,它被犹太人独占了一千年,被基督徒独占了约四百年,又被伊斯兰教徒独占了一千三百年。三个不同文化的群体,因为这座城市的神圣性质,争斗了数千年,直到现在仍暗流涌动。如今在耶路撒冷大街上,犹太人、穆斯林和基督徒看似能够和平相处,但那只是他们都心照不宣地假装

20 世纪初的耶路撒冷

对方不存在,他们之间没有语言交流,没有眼神交流,更不会有肢体接触,几个族群就像身处平行宇宙之中,同样生活在耶路撒冷,却存在于不同的时空。

  对以色列人来说,耶路撒冷来之不易,是他们几代人的努力换来的,但遗憾的是,几千年前他们建造的圣殿却早已经不复存在了,如今只剩下一堵哭墙,而它又是奥玛清真寺和阿克萨清真寺的围墙。虽然目前以色列实际控制着耶路撒冷,它完全可以推倒这些建筑重建犹太圣殿,但它不得不谨慎思考这样做的后果,为了维护这来之不易的和平,以色列必须小心翼翼地调和着多民族之间的冲突。

  以现代国际的视角来看,耶路撒冷作为一个缺乏战略资产和自然资源的城市,它的发展方式并不会改变,意识形态将会继续影响城市

四 美丽与哀愁同在——耶路撒冷

的性质以及城市人口的分离或团结。未来它会是什么样子？是维持分裂的城市还是开始某种合作？都还未知。要想解决耶路撒冷的问题，必须通过谈判而不是冲突。我们期望这座历史名城的归属问题未来能够在双方协议的框架内公正地解决，因为这对于国际社会以及以色列犹太人和阿拉伯人来说，都将是一件值得庆幸的事情。

耶路撒冷城拥有上千年的建筑、文化和故事，城市中各文化的冲突性和多样性并存，这些文化交融在一起，使耶路撒冷的景象、声音、气味和质地在整个地球上都是独一无二的。头上裹着卡菲耶头巾的阿拉伯男人、头戴无边小帽的犹太男子、头戴头巾的妇女，还有各种肤色和面部特征的孩子，都反映出居住在这座城市的人们的背景与文化习惯。城市景观中突出的基督教的十字架、伊斯兰的新月、犹太

耶路撒冷街道　李舒扬 摄

的大卫星和烛台，向人们展示着曾经的历史。清真寺的阿拉伯圣歌、教堂的钟声和犹太教徒的低声祈祷，创造了一种不和谐的和谐之声。咖啡、农产品、香料和熏香的气味从商店和房子中飘到鹅卵石街道上，让人们沉浸其中。当从环绕耶路撒冷的山丘上俯瞰耶路撒冷时，整个城市上空仿佛笼罩着一层光辉，仿佛过去几个世纪的记忆和未来时代的希望都定格于此。这就是耶路撒冷——一座美丽与哀愁同在的古老城市。

五

谁是犹太人——以色列的困惑

如果一个犹太人不需要住在以色列,不需要会说希伯来语,不需要与其他犹太人维持社区关系,不需要相信以色列的上帝和律法,并且不一定是犹太母亲的孩子,那么他还是犹太人么?如果他不算是犹太人,那么谁又是犹太人呢?

谁是犹太人?这短短五个字,看似是个简单的问题,实际上却包含了种种复杂的情况。在中世纪社会或者更早的时期,这个问题的答案还不是那么重要,因为犹太人生活环境较为封闭,生活方式和宗教仪式都与周边其他民族完全不同,因此他们犹太人的身份不会引起太多的矛盾。但随着时代的变化,这个问题变得越来越棘手,而且开始与所有犹太人都息息相关,以色列建国后,"谁是犹太人"的问题又掺杂了政治和公民权利的问题,因此这个问题不仅仅是犹太人的个人问题,也是一个以色列国家亟待解决的问题,甚至放在世界上,这个问题的确切答案也备受其他民族和国家的关注。

"犹太人"这个词来源于希腊文的"Ioudaios",它的意思为"犹地亚的人"。由此可见,"犹太人"这个名词最初就像"希伯来人"一样,是一个纯粹的民族—地理术语。此时判断谁是犹太人非常简单,只需要看这个人的居住地点是否为犹地亚,而且这个犹太身份难以改变,就像一个犹太人不会成为希腊人,一个希腊人也不会轻易地成为埃及人一样。但随着越来越多的"犹太人"散居在犹地亚以外的地方,这个词包含的地理含义开始弱化,到了希腊化早期,不少人开始通过皈依的方式成为"犹太人",甚至有罗马皇帝都接受了割礼,正式皈依了犹太教,类似情况的频繁发生使"犹太人"这个词开始有了新的侧重点,此时的历史学家也在著书时谈到,"犹太人"这个词此时已不仅适用于犹地亚人,也同样适用于其他效仿犹太习俗的人,他们可能是罗马人,也可能是其他异族人。因此"犹太人"的核心含义发生了巨大变化,它所表示的意思从"居住在犹地亚的人"变成了"信仰犹太文化的人",这个词也从最初的民族—地理概念变成了一个民族—宗教概念。

起初,这种转变带来的影响并不是显而易见的,因为早期罗马社会仍处于异教盛行的阶段,国家和社会并不会过度关注个人的身份问题,甚至有些基督徒热衷参加犹太人的仪式。例如到了犹太新年或者安息日的时候,经常会有很多基督徒前去观礼,到了犹太人赎罪日的时候,基督徒也会进行斋戒,因为在他们心中,星期六过安息日和星期天去教堂是不冲突的,因为基督教本身就脱胎于犹太教。但随着罗马帝国和基督教的发展和成熟,对于基督徒来说,自己不是一个犹太人,这是十分重要的身份标识,这时,"谁是犹太人"成为一个重要的神学问题。

到了近代,由于犹太启蒙运动的影响,犹太人内部开始分化,不同派别的犹太人开始对"谁是犹太人"这个问题产生分歧。最为保守的正统派犹太人坚持按照犹太律法的规定定义犹太人,即只有那些母亲是正统派犹太人且本人又不信奉任何其他宗教的人是犹太人,或者没有犹太血统但皈依了犹太教的人才是犹太人。按照这种定义方法,信仰其他派别但具有犹太血统的人、犹太人的配偶以及非犹太母亲的后代都不能算是犹太人。这种严格的定义方法引起了很多犹太人的不满,虽然这是犹太律法的定义,但并不适合近现代犹太族群发展的需要,不能适应现代化的社会。

改革派犹太人认为,"犹太人"应该是一个单纯的宗教概念,不应该包含民族因素。如果一个犹太人既要信仰犹太教,又要忠于自己

耶路撒冷日大游行的犹太人　刘洪洁 摄

五 谁是犹太人——以色列的困惑

进行成人礼的犹太人　刘洪洁 摄

的民族,那对于散居在不同国家的犹太人来说,这样会产生"双重忠诚"的问题,他到底是忠于犹太民族更多呢,还是忠于自己所属的国家更多呢?这就成为制约犹太人发展的重要问题。因此他们认为"犹太人"就应该像"基督徒"和"佛教徒"那样,成为一个单纯的宗教名词。

另一种观念认为,"犹太人"不是一个宗教范畴的概念,它应该是一个民族概念,同时,犹太人作为一个民族,就必须拥有自己的土地,自己当家作主,才能实现犹太人的复兴。这种观念极大地刺激了大多犹太人的民族主义情绪,犹太复国主义运动随之兴起,最终犹太人返回巴勒斯坦地区,并建立了属于自己的民族家园。

随着以色列国的建立,"谁是犹太人"的问题对这片土地的人民、政治领导地位以及保持这个国家的犹太人特征至关重要,"谁是犹太人"这个问题掺杂了更多的政治因素,变得更加棘手,也更加难以解决。以色列的首位领导人大卫·本-古里安为了解决这个问题,曾找了60名犹太智者一起讨论这个问题,其中包含了宗教和世俗人士、拉比、哲学家、教授、以色列境内和散居国外的政治家等,大卫·本-古里安要求他们每个人都回答"谁是犹太人?"这个问题,不同立场、不同生活经验的人都有不同的回答,其中,阿格农的回答让他印象深刻,阿格农说:"总理先生,放弃这个问题——它只会让你陷入困境。"事实如此,在这个问题上,阿格农绝对称得上有先见之明,因为直到现在,以色列关于"谁是犹太人"的问题仍争论不休。

在以色列建国后的前20年里,"犹太人"的定义并没有以宗教标准为依据。1950年以色列颁布的《回归法》,赋予了所有犹太人移民以色列,并成为以色列公民的权利。但在这项法律中,立法者没有达成一致意见,关于"谁是犹太人"没有进行明确的定义,而是希望随着时间的推移,逐渐地解决这个问题。虽然在形式上,这个问题依赖于传统的犹太律法的解释,但是在实际上,此时刚刚成立的以色列国家急需大量的犹太移民,不能通过严苛的律法限制移民。为了解决这个问题,以色列前总理大卫·本-古里安曾宣布,成为犹太人是个人选择和自我定义的问题,不需要任何形式的宗教皈依。1958年,时任以色列内政部长本·耶胡达宣称,"一个真诚地宣布自己是犹太人的人,应被登记为犹太人,不需要提供任何进一步的证据"。总理和内政部长的话也表明了在建国初期的以色列,对于"谁是犹太人"的问题,基本是依靠自我认定。这种认定方式简单,不需要经过严苛的筛选,能极大地提升散居犹太人回归以色列的积极性。按照这一标准,上百万的犹太人涌入以色列,成为以色列的合法公民,对于刚刚建国急需人口的以色列来说,这种认定方式是最有效的。

但到了20世纪60年代后期,当以色列进入稳定发展阶段时,这个方法便不再适用了,于是以色列不同派别的犹太人再次发生激烈争论。以色列的宗教政党要求针对"谁是犹太人"的问题进行重新定义,主张应根据犹太正统派对犹太律法的解释,即只有母亲是犹太人或是皈依犹太教的人才能够被认定为犹太人。1970年,宗教政党的要求得到了满足,以色列修改了《回归法》,2号修正案认定只有一个人信仰犹太教或母亲是犹太人,才能被认定为犹太人。因此,以色列的犹太正统派开始掌握了定义"谁是犹太人"的权利,而不再是个人的自我定义。

西墙下的正统犹太人　秦吉　摄

这种定义方法包含两个条件，只需要满足其中一个条件即可成为犹太人。按照"母亲是犹太人"的这个认定方法来看，它意味着一个犹太人不需要住在以色列土地上，不需要会说希伯来语，甚至不需要生活在犹太社区，只需要是犹太母亲所生即可。按照这种逻辑，将穆斯林、佛教徒、基督徒和犹太人归为一类是错误的，犹太人应该与英国人、美国人等放在同一个类别上。从另一角度来看，对犹太人用第一种民族方法进行定义的结果经常会与后一种宗教认定方式的结果自相矛盾。例如一个犹太母亲所生育的后代，虽保持世俗的生活方式，且极力否认与犹太宗教传统的联系，但他仍然是一个货真价实的犹太人，没有人能够对他的犹太身份提出质疑。

正统派垄断犹太身份定义的权力，开始给以色列社会带来很多问题。因为在以色列国内，犹太人的婚姻、葬礼和生育后代都属于正统派管理范围，如果一个犹太人不被正统派认定为合法犹太人的话，他们是很难在以色列结婚、实行葬礼、正常生育、抚养后代的。例如一个犹太父亲和一个非犹太母亲所生的孩子是不会被正统派认定为犹太人的，他们不仅面临无法结婚的问题，所生育的后代也不能成为一个合法的犹太人，他们丧失了大量在以色列生活本该有的权利。

除此之外，以色列还有大量的犹太移民不被承认。在20世纪70年代前后通过移民进入以色列的埃塞俄比亚犹太人，因为被正统派认为血统不纯，所以无法与其他种族的犹太人结婚。1989年以来，大规模涌入以色列的俄裔犹太移民也面临着同样的痛苦。正统派拉比们称，在最近这批苏联移民中，约有四分之一不是犹太人，他们不能享受犹太人在以色列能够享有的种种权利。"谁是犹太人"的问题，使以色列不同族群之间的矛盾不断激化，不同民族、不同派别、不同社会阶层的关系进一步紧张。

总的来说，对于"谁是犹太人"这一问题的现状，以色列的世俗力量和正统派势力都不满意，但由于多方力量的制衡，双方都难取得再进一步的突破，那么这种争论和胶着的状态就很难被打破，"谁是犹太人"的问题将继续困扰着以色列。

六

一门"死语"的复兴

  死语,一般指那些不再是任何族群母语,但仍偶尔在文本或礼仪中被使用的语言。它区别于另一个概念——灭绝的语言,它所指的是世界上没有一个人会使用这门语言。一门语言的消亡往往先经历死语这一阶段,然后慢慢地在文本中也不再被提及,最终成为"灭绝的语言"。但也有一些语言,尽管使用它的族群早已不复存在,可它仍广泛地存在于书籍之中。拉丁语就是其中一个典型的例子,有人说:"拉丁语是一种死语言,但拉丁语从未消亡。"虽然现在已经没有人把它作为一门母语,但它仍活跃在各种文本和礼仪之中,有人也称之为"礼仪语言"。除了拉丁语之外,犹太人的希伯来语也早已成为一门"死语",随着犹太人的大流散,他们开始将各自流散地的语言作为自己的母语,不再使用希伯来语,希伯来语渐渐只出现在犹太文学、犹太礼仪或者犹太诗歌之中,成为一门名副其实的"死语"。但令人意想不到的是,希伯来语在成为"死语"的1700年后,竟能成功地在以色列这片国土上"复活",成为世界语言史上一个绝无仅有的奇迹。

  希伯来语属于迦南语系,是闪含语系的一个分支,希伯来语最大的特点就是从右往左书写,对于一个不懂希伯来语的人来说,他可能很难找到希伯来语书籍的第一页在哪。相传在公元前1200年至公元前586年期间,希伯来语就已经出现并成熟,成为以色列王国和犹大

希伯来文字　FotoRieth 摄

王国的主流语言。而希伯来语的逐渐没落是在巴比伦之囚事件之后，阿拉姆语开始出现，逐渐替代了希伯来语的位置。此时的希伯来语便开始只被使用在祈祷时或者书写宗教文本时，很少被使用在口语上。到了第二圣殿时期，希伯来语几乎仅用于礼仪。《希伯来圣经》的大部分内容是用希伯来文写的，《密释纳》也是如此，犹太人对《托拉》的书面记录亦是如此，此时的希伯来语成为一门"神圣语言"。有些人认为希伯来语是天使的语言，也有些拉比认为希伯来语是亚当和夏娃在伊甸园中使用的语言。犹太民间的传说故事说道："在巴别塔出现之前，全人类都说希伯来语，当人类妄图建造一座通向天堂的塔时，上帝才创造了世界上其他的语言以示惩罚。"

　　巴尔·科赫巴起义之后，也就是犹太人大流散时，希伯来语开始真正变成一门"死语"。公元 70 年，罗马人入侵了巴勒斯坦地区并摧毁了第二座圣殿。犹太人试图通过起义的方式反抗罗马人的暴行，但他们失败了，犹太人几乎灭绝，剩下的人流散到欧洲各地。所有母语为希伯来语的犹太人散居在不同的国家或者地区，为了能够更好地生存其中，他们被迫学习当地的语言，将本地人的语言作为自己的母语，希伯来语不再被犹太人日常使用，而是仅在犹太人进行学术工作和宗教活动时使用，希伯来语逐渐成为一门名副其实的"死语"。

散居在不同地区的犹太人开始将希伯来语渐渐融入其他语言中，开创了一些新的语言，例如犹太—阿拉姆语、犹太—阿拉伯语、犹太—希腊语、意第绪语和拉迪诺语等。德国地区出现的意第绪语其实就是受希伯来语影响的德语，它通常由希伯来字母书写，如果不去理解那些俚语的话，意第绪语在许多情况下基本上可以与德语相互替换。直到今天，意第绪语仍然蓬勃发展，约有三百万人在使用。在西班牙地区也出现了希伯来语的异化现象，这种语言为拉迪诺语，也被称为犹太—西班牙语，这种受希伯来语影响的西班牙语，主要被西班牙裔犹太人使用。如今，能够使用拉迪诺语的人仅有十万左右，而且大多都是年龄比较大的人，他们的后代通常不愿意再学这么一门冷门的语言。除此之外，还有犹太—阿拉伯语，它是由受希伯来语影响的阿拉伯语变化而来，它的书写方式甚至只是稍微修改了一些希伯来文字，目前这个变种语言也濒临灭绝。

到了19世纪后期，犹太人本·耶胡达开始发起一场希伯来语复兴运动。他首先参加了犹太人的民族运动，和家人一起在1881年搬到巴勒斯坦地区，之后他就决定在家里只说希伯来语，但很多问题随即就出现了，因为希伯来语是一种古老的语言，缺乏表达"咖啡"或"报纸"等现代事物的词，于是他开始开发日常需要用到的新词。最终，他出版了一本现代希伯来语词典，打下了现代希伯来语的基础。同时他组织和参与建立学校以及编写希伯来语教科书，甚至还成立了希伯来语委员会，在以色列建国后又成立了希伯来语学院。可批判声随之到来，宗教人士认为希伯来语只能用来赞美上帝，如果对它口语化会玷污它的神圣性，他们甚至告发本·耶胡达并将他关进监狱。世俗人士也不愿意放弃自己现在的母语，转而学习另一门新的语言，因此本·耶胡达的希伯来语复兴运动遇到了挫折。

功夫不负有心人，当犹太群体大规模移民巴勒斯坦地区时，希伯来语开始在这些移民群体中有了更多的反馈。因为这群犹太移民从不同的国家涌入，他们虽然有着一个共同的目的，却讲着不同的语言，这时他们急需一门共同语言，一起实现他们的复国理想。在这样的情况下，希伯来语成为这群犹太移民的日常口语，最终逐渐成为系统的民族语言。塞西尔·罗斯曾总结了本·耶胡达对希伯来语的贡献："在本·耶胡达之前，犹太人会说希伯来语；在他之后，犹太人说希伯来语。"当英国承认希伯来语为巴勒斯坦地区的官方语言（分别是英语、阿拉伯语和希伯来语）之一时，希伯来语真正意义上地复兴了，官方语言的地位促进了它的进一步传播，本·耶胡达也被称为"现代希伯来语之父"。

现代希伯来语已经成为以色列国的主要官方语言。目前已经有近千万人会讲希伯来语，其中大多是以色列人。在一项调查中，有90%的以色列犹太人称自己能够流利地使用希伯来语，而以色列的阿拉伯群体中也有约60%的人精通希伯来语。总的来说，大约53%的以色列人以希伯来语为母语，而其余的大多数人都能流利地讲希伯来语。

在"一个民族，一种语言"的语言意识形态的支配下，以色列大力推广希伯来语，重视移民的希伯来语教学，在差异性的基础上打造新的民族认同，期望建立一个世俗的、民主的犹太国家。为了使希伯

希伯来文字　ZofiaEliyahu 摄

来语能够更好地发展，希伯来大学的学者每年都会发明2000个左右的新单词，以充实这门死而复生的语言。希伯来语的教学也贯穿了以色列教育的所有阶段，针对移民、外国留学生或者游客，以色列大学或者私人教育机构都会设置从初学者到高级学生的课程。入门课程甚至不需要你有任何关于希伯来语的知识，重点是基本的阅读和写作技巧、语法和词汇。在高级课程中，学生需要通过观看以色列电影和听希伯来音乐来提高听力和阅读理解能力，并练习口语技巧。除了大学之外，以色列的基布兹也是一个学习希伯来语的好地方，游客可以在基布兹生活、工作和学习，通过基布兹独特的生活方式逐步学习使用希伯来语与来自世界各地的人交流，目前这种方式受到广泛好评。

以色列也采取了相关的措施保护希伯来语。在海法，政府禁止官员在官方文档中使用英语，并禁止商店仅用英文招牌。2012年，以色列议会提出了关于进一步保护希伯来语的法案，其中包括规定以色列的所有标识牌必须使用希伯来语，以色列官员在国外的所有演讲也必须使用希伯来语。如今走在以色列街头的大街小巷，游客都能看到希伯来语的广告牌，打开政府网站，页面上也会有希伯来语和英语切换的选项，这表明以色列已经全面进入了希伯来语的时代。

"语言在推动移民方面提供了比宗教更强大的引擎"，正是因为希伯来语的复兴，犹太移民才能更顺利地回归巴勒斯坦地区，建立自己的犹太家园。反过来，也正是因为以色列国的建立，犹太人才能通过政策手段让这门古老的语言恢复生机，从而延续犹太民族的灿烂文化，帮助犹太人以一种全新的身份站在世界舞台。

七

以色列的政治生活

　　2019年11月，时任以色列总理的本雅明·内塔尼亚胡被以色列总检察长阿维哈伊·曼德尔卜利特起诉，其被指控的罪名是失信、受贿和欺诈。总检察长阿维哈伊·曼德尔卜利特不仅提出了内塔尼亚胡夫妇多年来从富商手中收贵重礼物和金钱的指控，还认为内塔尼亚胡利用自己的权力通过了不正当的法案，目的是帮助朋友并损害其竞争对手的利益。面对总检察长的指控，内塔尼亚胡虽然极力否认，但还是被迫放弃总理以外的其他所有职务。这种在任总理被指控的情况，在以色列的历史上也是首次发生。检察长的指控虽然不至于让内塔尼亚胡很快被赶下总理的位置，但仍能使他的政治生涯蒙上一层阴影。内塔尼亚胡的竞争对手紧紧抓住他这次腐败指控，称他为"犯罪部长"。以色列的政治局势也随之发生动荡，自2019年以来，以色列两年内举行了四次选举，内塔尼亚胡的利库德集团未能组建稳定的政府，使以色列的政治形势陷入僵局。

　　实际上，除了内塔尼亚胡之外，以色列近年来已经发生了多起政府官员贪污腐败的事件。据统计，以色列近年来有超过60%的地方市长级官员接受过受贿调查，多名市长面临贪污案指控。以色列全国250余位市长、镇长中有超过20%的人接受过刑事调查，涉案官员甚至上及前总统、前总理、前内阁部长和政党领袖。2014年，

七　以色列的政治生活　047

以色列议会　Rafael Nir 供图

以色列前总理奥尔默特在担任耶路撒冷市长和工业贸易部长期间，多次收受贿赂，用于奢侈性消费，包括购买昂贵雪茄、享受豪华旅行和住宿高档酒店。奥尔默特下台之后，被特拉维夫地方法院以受贿罪判处6年有期徒刑，并处罚100万谢克尔（约合人民币200万元）；在奥尔默特执政期间，以色前总统卡察夫也因强奸罪被判刑；前财政部长亚伯拉罕·希尔赫森曾因诈骗、非法获取资金等罪被判5年半监禁；奥尔默特的内阁成员、前劳动与社会福利部长贝尼兹雷因收受劳务承包商12万美元及每月2600美元津贴的贿款被判4年监禁。尽管这些政治腐败现象并没有涉及巨额资金，但事件本身对以色列社会和人民产生了较为深远的影响。许多以色列人认为，大量贪婪和放荡的政治丑闻表明以色列政坛已经堕落到难以想象的程度。

　　从以上的种种案例来看，以色列的民主和法治建设仍存在较为严重的漏洞，这与以色列制度设计存在缺陷、司法程序进展缓慢及国民构成复杂有关。以色列的腐败现象并非仅仅是因为某些政治家满嘴谎话，更是因为这种政治腐败情况在以色列早已制度化，成了一种常态。一方面，以色列中央政府疏于对地方官员的监管，而地方官员掌握着地方建设项目和经营许可的审批权、税收、公共开支等，其权力寻租空间大，极易出现腐败现象。另一方面，以色列反腐部门的人员设置也存在一些漏洞，那些担负反贪任务的基层审计人员由市长或镇长统一领导，他们的工作缺乏独立性，经常受到各种限制，这使得以色列的反腐部门缺乏约束官员的权力，难以对其进行有效监督，这种情况下，以色列的官员能够较为轻易地收受贿赂等。

虽然贪污现象频繁发生，但以色列的政治制度其实是较为成熟的。它的很多制度设计和机构建立都是模仿西方国家的，例如以色列采用的议会制度。议会是以色列的最高立法机构，是一院制议会，由120名根据政党名单而不是单独选举产生的议员组成，他们都是在国家一级选举中产生的，不作为地方选区的代表。议会主要负责起草和通过法律、征税、调查公共利益问题、制定预算，还负责监督政府的工作和法律的实施，其委员会和小组委员会专注于调查具体问题和准备立法工作。除此之外，以色列议会的另一项主要任务是监督政府，它可以决定是否通过法律、界定行政部门的权力、决定总理和内阁成员是否留任，以及控制财政等。监督政府主要依靠其中的国家审计长办公室和监察员办公室，它们会报告以色列各部委、政府机构、国防机构、政党和地方市政当局的腐败问题，并评估各机构的业绩。

以色列的国家元首是总统，由以色列议会选举产生，但总统主要是象征性和礼仪性的，无实际行政权。以色列总理是以色列行政部门的首脑和国家领导人，任期一般是四年，但是，辞职、死亡、疾病、失去议会多数席位，或者以色列议会通过不信任决议等多种原因，使得以色列的大多数总理都没能在任四年。但内塔尼亚胡是个例外，他1996年便担任以色列总理一职，成为以色列最年轻的总理。1999年任满一届总理后，在新一届的大选中，他所在的利库德集团被埃胡德·巴拉克领导的"一个以色列"（One Israel）政党击败，他宣布退出政坛。几年后，他宣布重返政坛，并在2009年再次当选总理，期间一直连任。2019年，内塔尼亚胡面对腐败问题的指控，他也只是辞去了除总理外的其他职务，一直到2021年，以色列议会

七 以色列的政治生活 049

市长竞选条幅 邵然 摄

以60票对59票通过了新的联合政府,纳夫塔利·本内特宣誓就任以色列第13任总理,这才结束了内塔尼亚胡作为总理的12年统治。

以色列的内阁由总理任命,但政党的数量和高比例的选举规定导致以色列的每一届政府都是以多党联盟为基础,最终建立一个多党存在的执政联盟。由于多个政党派系的竞争和维持多党联盟的需要,总理的任命权力会受到其他党派的限制,他必须合理地分配席位,才能尽可能地保证自己的权力正常运行。通常,联合政府的权力分配是基于各政党的力量强弱,最受欢迎的职位是外交部长、国防部长和财政部长,力量较强的政党通常会为了这些部门争得不可开交。以色列的宗教党派会竞争特定的职位,例如宗教部门和教育部门,这些部门可以为他们的选民提供资金。选民主要来自苏联的少数民族政党,他们也会更想要竞争处理移民问题的部门。有时某些政党之间也会因为其对立的立场不愿意合作,例如宗教政党和世俗主义政党会拒绝加入同一个执政联盟,如果对立的党派在某些重要的问题上存在实质性的分歧,他们不仅不会加入联盟,甚至有可能脱离联盟。因此,在整个任期内,总理都必须小心翼翼,建立和维持自己的执政联盟,这就像是一场充满博弈的游戏,其中伴随着筹码、妥协和威慑。总理将可分配的部门官员作为自己的筹码,和其他力量较强的党派采用合作的方式,并进行可接受范围内的妥协。如果遇到过于激进的党派,总理也会通过一些特殊的手段来实施威慑,例如表示自己将主动让政府垮台,重新进行选举,如果联合政府的合作伙伴认为他们将在重新选举中失去原有的席位,那么此时总理的威慑便生效了,他们不敢向总理提出更加过分的要求。

根据以色列组阁的经验来看,一个常见的组阁模式是执政党保留外交部长、国防部长或财政部长其中一个职位,把另外两个职位交给最大联合政党的领导人或高层人物。总理还会保留一两个部门,以避免多个党派竞争这一职位而发生争执,或者通过这个部门吸引其他党派的加入。

内阁的工作主要是通过每周至少一次的会议解决国家面临的重要问题。持不同意见者经常通过激烈的辩论以决定以色列国家的发展动向。首相可能会要求进行一次投票,以便将成员记录在案,或者只是简单地宣布一个共识。每次内阁会议的结果都会出一份官方公报,但公报的内容往往没什么看点,重要的决定通常都是保密的。

除了内阁成员之外,以色列的许多总理都有一些规模较小的非正式小组,一般由六位部长组成,他们需要帮助总理制定战略或提出建议。例如果尔达·梅厄就有她的"私人顾问团"。执政党的部长们也会在私下组建小型讨论组,决定某些和党派发展息息相关的问题。

以色列没有成文宪法,其政治结构和基本权利是由多项基本法规定的。自建国起,截至 2018 年,以色列已经通过了十几项基本法。

第一部基本法是1958年的《议会法》，这项法律涉及选举制度、投票权和被选举权、议会任期、议会成员的职责、议会成员的议会豁免权和议会大楼、议会及其委员会的工作等。在接下来的几十年中，以色列又通过了多项基本法。这些法律涉及各种政府机构和人权问题，例如1960年的《国家土地法》确保国有土地仍然是国家财产；1964年的《总统法》规定了总统的职责；1975年的《国家经济法》为预算法和其他经济事务的规章制度提供了框架；1976年的《国防军法》明确军队从属于政府，规定18岁以上的公民必须服兵役；1980年的《耶路撒冷法》宣布耶路撒冷为首都，并处理圣地事宜，等等。涉及人权问题的主要为1992年的《人的尊严与自由法》，该法界定了一些人民的自由权利，如财产自由、离开和进入以色列的自由、隐私自由和免于私人财产被搜查的自由。接下来政府又继续颁布《职业自由法》，赋予每个以色列公民从事任何职业、专业或行业的权利。2018年，以色列又通过了一项颇具争议的法案——《犹太民族国家法》，这项法律规定了以色列土地是犹太人的历史家园，以色列国是犹太人民的民族国家。从《犹太民族国家法》的出台可看出，以色列的宪治模式及程序设计是存在较大争议的，当以色列议会就某一基本问题达成一致且获得多数票时，就可以颁布一部基本法，这种方法简单快捷，而且基本法的地位普遍高于其他法律。那这种方式能不能有效地实现民主政治？这是一个问题。单单从《犹太民族国家法》的颁布来看，以色列的基本法无法代表所有以色列民众的普遍意愿，因为它带有较强的种族色彩，忽略了以色列国内非犹太人的利益。

以色列在其法律中自称为一个犹太人的民族国家，那么一个犹太人的民族国家意味着什么？以色列的少数民族会发生什么？宗教和民主的界限在哪里？官员的腐败问题又如何解决？我想这些问题并不会随着时间的流逝而消失，它们只会跟随时代的变化演变出新的面貌，面对这些问题，以色列又该如何解决呢？

八

诡秘的情报组织——摩萨德

提起美国联邦调查局（FBI），所有人都不会陌生，无论是在美剧里，还是在各种好莱坞大片中，经常能看到这个机构人员神秘的身影。而以色列也有一个这样的机构，以大胆、激进、诡秘著称于世。自从成立以来，这个机构完成了多次震惊世界的成功行动，也因此成为世界情报史上的传奇，它就是以色列的摩萨德。

在以色列建国前，巴勒斯坦地区的犹太人就曾成立过一个类似的秘密组织，名为"哈加纳"，它主要负责向巴勒斯坦地区运送武器和非法移民，而情报收集只是这个组织的一个附属工作。以色列建国后，当时政府部门还不完善，情报机构冗杂，各部门之间分工重叠，还有些派驻海外的特工生活奢侈，肆意浪费国家的钱财，这引起很多其他成员的不满，甚至还引发了以色列情报人员内部的集体反叛事件，他们烧毁了手中的秘密档案。于是大卫·本-古里安想要一个直接向总理汇报的机构来协调和改善以色列安全部门之间的合作，因此1951年4月1日，摩萨德正式成立。成立之初，摩萨德有多种名称，如"以色列秘密情报局""中央协调局""中央情报与安全局"等，但最终，以色列选择了"摩萨德"这一充满神秘色彩的称号。在摩萨德成立之初，本-古里安禁止任何人向外透露它的存在，一直到1960年，才允许在公共场合提及摩萨德的名字，但在以色列的法律中，仍找不到任何与摩萨德的目标、角色、使命、权力或预算相关的条文。

在成立伊始，作为一个崭新的情报机构，摩萨德并不清楚自己该做什么，不该做什么，因此他们就去创造属于自己的特色。当时有一句话在摩萨德的特工中间广泛流传，那就是"如果你被扔出了门，那就再从窗户钻进去"，这就是告诉他们要想尽一切办法完成任务。正是凭借着这种坚持不懈的精神，年轻的摩萨德初露锋芒，并逐渐积累了自己的经验。

20世纪60年代，摩萨德完成了从传统人工情报向现代化情报工作的转变。他们使用更专业的招募和训练方法，并引进了计算机和其他技术手段。新任局长阿米特说："谍报是一种智力斗争，技术的运用及其他方面的改进只对人的思维劳动起辅助作用。以色列使用的是人与机器的组合体，而在这种组合体中，人是决定性的因素，情报界的情形更是如此。"通过更加现代化的谍报理念和更为先进的谍报技术，摩萨德的情报搜集工作步入正轨。

目前以色列摩萨德内部组织的很多机构和细节仍没有公开，但从公开的消息来看，摩萨德大致分为8个部门，分别是：（1）计划行动协调处，主要任务是负责策划、决定行动方案和协调有关事宜，具体行动任务也大多由该处执行；（2）秘密情报收集处，负责在海外开展谍报活动等；（3）政治行动与联络处，主要任务是同外国情报机关进行协调工作，建立合作关系，以及与同以色列没有正常外交关系的国家合作；（4）财政与人力资源处，负责各种经费的管理，负责人员的发展与挖掘；（5）训练处，负责对特工进行系统专业的训练，同时负责心理战、宣传和欺诈行动；（6）调查处，负责情报生产，包括每日情况报告、每周总结和详细的月报；（7）专业行动处，执行高度敏感的暗杀、破坏、准军事和心理战项目；（8）技术事务处，负责开发支持摩萨德行动的先进技术。

从上述8个部门也可以看出，摩萨德的工作复杂，涉及的范围很广泛，只要涉及以色列的国家安全问题，都需摩萨德提供不同程度的支持。总的来说，摩萨德的工作主要分为四种，分别是情报收集、绑架暗杀、偷窃物资和对外联络。

首先,情报收集是摩萨德特工在国外的主要活动。摩萨德特工通过伪造身份证明进入其他国家,之后逐步进入核心圈层,再通过特殊的手段窃取以色列需要的情报信息。而这些情报大多都是军事上的,也有一些政治和社会情报。因为刚建成的以色列处于周边阿拉伯国家的包围中,只有依靠武力才能够在中东地区站稳脚跟。例如以色列的两位传奇特工伊利·科恩和沃尔夫冈·洛茨,他们一位秘密进入了叙利亚,另一位潜入了埃及,他们通过自己的手段进入了这两个国家军政界的核心圈层,为以色列打探到了价值难以估量的军事情报。他们深入了解这两个国家的军事动态,为以色列制定不同的外交策略立下了汗马功劳。1967年,以色列在"六日战争"中大获全胜,这离不开摩萨德对阿拉伯国家情报的收集工作。也有一些重要情报并非摩萨德收集,但很多人却误认为是摩萨德所为。例如窃取苏联赫鲁晓夫反斯大林的秘密报告一事(这份报告后来在共产主义世界引发了一次剧烈的政治地震),很多人以为是摩萨德的功劳,但实际上,这本报告是以色列的另外一个国家安全机构——辛贝特(主要保护国家领导人安全的机构)首先发现的,它并不属于摩萨德。

其次,绑架暗杀是摩萨德的拿手好戏,它主要针对那些严重威胁以色列国家和国民安全的人。摩萨德主张"以牙还牙"的策略,对于希望通过武力或者恐怖活动解决问题的组织,摩萨德也会毫不留情地使用绑架和暗杀等手段,对于严重迫害犹太人的组织或个人,就算他们逃到天涯海角,摩萨德也会尽全力找到他们的下落并抓捕回以色列。

例如摩萨德跨国抓捕纳粹战犯艾希曼,用行动证明了其实力。二战结束以后,纳粹大屠杀主要凶手阿道夫·艾希曼逃脱了战后审判,躲避在阿根廷境内。摩萨德通过监视艾希曼的家人,了解到他藏身于阿根廷的秘密,摩萨德的女特工使用美人计,通过给艾希曼的儿子送礼物,掌握了艾希曼的具体藏身之地。在1960年,摩萨德的最高领导人伊塞·哈雷尔趁阿根廷庆祝独立150周年时,亲自带领摩萨德的特工人员混入前来庆祝的以色列代表团中,利用假护照潜入阿根廷,成功绑架了艾希曼。但抓人容易,怎么送回以色列成了摩萨德的一个难题。哈雷尔为了在不惊动阿根廷政府的前提下顺利把艾希曼带回以色列,他采用了狸猫换太子的手段,首先把一名摩萨德特工送进当地的一家医院,病因是他在一次精心策划的"车祸"中得了"脑震荡"。当这个"病人"住院后,他申请了一份由阿根廷医院签署的医疗证明和一份允许他返回祖国以色列"继续治疗"的许可证。5月20日,"病人"如愿以偿地出院了,只不过两个小时后,这个"病人"已经变成了艾希曼。当晚8时,艾希曼在被注射了药力极大的麻醉剂后,被带上以色列专机机组的专用车来到了机场,阿根廷哨兵连证件都没看,就挥手让车子驶入机场。24小时后,专机安全抵达以色列机场,艾希曼神不知鬼不觉地被带到了以色列。1961年12月25日,以色列

艾希曼审判

判处艾希曼灭绝人类罪，将其处以绞刑。这次行动可谓摩萨德进行秘密情报活动的典型案例，也让摩萨德声名鹊起。除了绑架艾希曼，摩萨德还在1972年暗杀了巴勒斯坦恐怖组织"黑九月"，因为他们在慕尼黑运动会上屠杀了以色列的运动员。1988年，摩萨德长途奔袭突尼斯，暗杀了巴勒斯坦高级领导人阿布·杰哈德等。

除了绑架行动之外，摩萨德最值得称道的还是窃取其他国家的战略物资。很多时候，以色列并没有较强的政治实力同大国谈判，获得自己想要的国家级战略物资，因此它只能采用秘密的方式获取自己所需要的资源。例如1962年摩萨德的偷铀行动。以色列的核计划由于缺少浓缩铀而难以推动，在发展核技术的关键时刻，摩萨德策反了美国纽梅克公司总经理夏皮罗。夏皮罗曾受聘于威斯汀豪斯公司，是个狂热的犹太复国主义者，最重要的是，他参与研制了美国第一艘核潜艇所使用的反应堆。在夏皮罗的帮助下，摩萨德特工成功将177公斤的浓缩铀运到以色列。更有趣的是，当美国调查浓缩铀丢失的情况时，夏皮罗坚持说公司的成交凭据在清洁工厂时不小心丢失了。后来，美国联邦调查局也介入了调查，但还是没有找到证据，最终不了了之。除此之外，摩萨德还成功窃取了法国"幻影"战斗机的设计图纸，并在1975年就成功制造出了"幼狮"战斗机，它完全仿造了法国的"幻影"飞机。直到战机成功试飞后，摩萨德的这起偷窃事件才被世人知晓。

对摩萨德来说，他们另一个不为人知的任务就是负责以色列的秘密外交行动。它来源于首任情报局局长罗文·希洛的"外围战略"思想，希洛认为，以色列可以在阿拉伯以外的国家找到朋友。于是摩萨德开始负责以色列那些不可公开的外交活动，例如与土耳其、伊朗、印度尼西亚等国家的交往。因为不同的意识形态或者其他政治因素，以色列的外交部不可能与他们展开公开的大范围的外交活动，这时候，摩萨德便站出来同这些国家进行秘密外交，进行私下的国家交流，为以色列争取相应的利益。

摩萨德自成立以来，可谓披荆斩棘，这离不开他们"不放弃每一名特工"的理念。例如在1967年，打入叙利亚的高级间谍伊利·科恩被捕后，以色列出动了数十名间谍进行营救，并拿出百万美元希望赎回，还请出教皇、英国女王、叙利亚总统的私人医生等人为其说情。1965年3月，有"东方佐尔格"之称的间谍奇才沃尔夫冈·洛茨在埃及被捕后，以色列不惜用9名军战俘也要将其换回。正是因为这种理念，摩萨德的特工才甘愿赴汤蹈火，拼死为国效力。

摩萨德之所以声名远扬，就在于它完成了多次令世界震惊的行动，完成了很多"不可能完成的任务"，成为世界情报史上的传奇。但如今摩萨德的光环逐渐消失了，成了"明日黄花"，这到底是怎么回事呢？

这可能与摩萨德内部的管理混乱和特工多次的工作失误有直接关系。1977年，以色列前总理贝京钟爱情报界，他鼓励情报机关采取更激进的手段塑造以色列的形象。但随着观念和现实的改变，摩萨德的发展反而走向了另一个极端。由于摩萨德领导人的管理失误，内部群雄相争，矛盾尖锐，情报工作的效率明显降低。特别是在20世纪80年代之后，摩萨德特工多次发生工作失误状况：1986年9月，摩萨德特工制作的英国假护照被媒体披露，引起英国方面的强烈不满；1988年，在瑞士执行秘密任务的特工又因失误被逮捕；1997年，摩萨德5名特工潜入约旦首都安曼刺杀哈马斯政治局负责人马沙尔时，有2名特工当场被抓；摩萨德特工两度刺杀萨达姆的行动也均以失败告终；特别是2010年1月20日，摩萨德11名特工使用伪造的外国护照，在迪拜的布斯坦罗塔娜五星级酒店刺杀哈马斯高官马巴胡赫时，刺杀行动的整个画面被酒店录像，当视频公开后，以色列摩萨德的行为震惊全球，这次事件也成为摩萨德历史上最大的耻辱。

由于执行任务时的接连失败，摩萨德曾经在冷战时期的闪耀光环已迅速暗淡。再加上以色列建国迄今已70余年，逐渐在中东站稳了脚跟，生活在和平环境中的年轻人更愿意去企业工作，享受高薪待遇，不愿意进行暗杀绑架这种隐秘又高风险的工作，所以摩萨德特工的人数锐减，他们也很难招募到新的特工。为了能够重回巅峰，这样一个本该隐藏在黑暗中的组织甚至开始主动在媒体上曝光，公开地向全球招聘特工。招聘活动的口号写道："如果你有胆识、有智慧、足智多谋……如果你有感动、吸引和激励人的能力……摩萨德的大门向你敞开!"

  世界范围内的网络招聘方式在现代社会中无疑是最有效的,因为它能够迅速地传播给不同信仰、不同民族和不同国家的人,但这样能否为摩萨德注入新鲜血液,摩萨德能否重现旧日荣光,结果还未可知。

九

以色列经济支柱产业

如果你去以色列旅游,想买一些纪念品却不知道买什么时,那么前往位于特拉维夫周边的以色列钻石交易中心,挑选一块属于自己的钻石,绝对是一个不错的选择。可能很多人都不知道,以色列有着世界上最先进的钻石自动化加工技术,它所研发的钻石切割机、自动抛光机等设备在其他国家的钻石行业中得到了广泛应用。以色列还是世界上最主要的钻石加工和交易中心之一,可以称得上是世界钻石行业的领导者。以色列每年钻石的出口额高达数百亿美元,远超其他单个商品的出口额,钻石行业对以色列经济发展十分重要,以至于在每年的以色列经济报表中,钻石行业的数据都会从制造行业中单列出来,用一个专门的表格分析其全年数据。中国作为以色列钻石行业的重要合作伙伴,每年从以色列进口的钻石量占以色列总出口额的13%。为什么这样一个非钻石原产地的弹丸小国,能够成为世界上最重要的钻石交易中心呢?

这个答案可能就要追溯到以色列建国前甚至更早些时候。《圣经》中介绍了大祭司胸牌上的12种宝石的名称,其中就包含了钻石的原石——金刚石,犹太人称之为"透明的石英"。《塔木德》中也提到"儿童在西奈沙漠中寻找到钻石并献给上帝"。但实际上,到今天为止,在西奈半岛未曾发现过任何钻石矿,因此《塔木德》的说法一直是一个谜。但这些并不影响犹太人在远古时期就与钻石结下了不解之缘。中世纪时,犹太人开始正式从事钻石行业,他们分散在整个欧洲或者西亚的部分地区。很多地方统治者会限制犹太人从事的职业,但钻石作为当时的一种新产物,其贸易并没有受到太多的约束。而且钻石具有体积小、价值高和容易携带的特点,这使得犹太人即使偶尔受到当地统治者的驱逐,仍能够顺利进行钻石交易,保证自己的财富不被侵占,因此犹太人积累了大量关于钻石和钻石加工的专业知识。长期的流散生活使犹太钻石商人和技工遍布世界各地,他们先后在荷兰阿姆斯特丹、比利时安特卫普、美国纽约建立了世界上最具规模和影响的钻石加工及贸易中心。到了19世纪末,犹太钻石工人占了世界钻石工人的五分之一,犹太钻石代理商占了整个钻石行业代理商的四分之三。可以说,当时的世界钻石贸易几乎被犹太人掌握在手中。

随着第二次世界大战期间欧洲反犹情绪的高涨,很多犹太人被迫离开生活的地区,其中很多犹太钻石商人便选择回到巴勒斯坦地区。1937年,来自荷兰的犹太人在位于今天特拉维夫东边的佩塔提克瓦开

市场上的钻石　Lucas Santos 摄

了第一家钻石抛光厂。1938年,这片地方又取消了原石15%的进口税,巴勒斯坦地区的钻石加工和交易行业因此开始兴起。到了1944年,巴勒斯坦地区已经开设了33家钻石工厂,雇佣了约3300名犹太工人,投资金额高达一百万英镑,出口额超过了三百万英镑,当时主要的出口国是美国、加拿大和印度。值得一提的是,当时的钻石就是巴勒斯坦地区出口额最高的商品。在1944年至1948年间,钻石行业受到内战和其他事件的影响,停产了4年,等到以色列建国后,钻石行业重新运转起来,并且在建国头几年中就已经成为以色列的主要出口产品。随着以色列钻石交易所、以色列钻石交易协会和以色列钻石制造商协会等一系列组织的出现,以色列的钻石行业日益专业化和规范化,仅仅用了20年的时间,以色列就成为仅次于比利时的国际钻石中心,出口额占世界钻石总出口额的三分之一还多。

以色列建国后,在政府的鼓励和支持下,以色列的钻石珠宝商人开始创建钻石交易中心。1968年,以色列钻石交易中心的第一座建筑投入使用,总高22层。1980年,钻石交易中心的另外两座大楼马卡比塔和诺姆塔建成投入使用。到了1992年,钻石交易中心的最后一幢名为"钻石塔"的建筑也终于竣工,它是当时以色列最高的建筑,总高115米,32层。这四幢建筑通过内部的天桥连接,总占地约6万平方米,是规模较大的钻石交易中心之一。它的内部有钻石协会、钻石管理办公室、钻石博物馆等机构。每天有上万人在钻石交易大厅工作,从事着钻石交易。在这里,你几乎可以买到任何尺寸、外形、类型和级别的钻石,小到几分、大到十几克拉的钻石,圆形、异形和特色切工的钻石,天然白色钻石和彩色钻石,等等。钻石交易中心甚至还可以根据客户需求进行定做。在以色列钻石交易中心,工作人员会把钻石和配饰分开摆放,顾客挑选好钻石后,再去挑选心仪的戒托,选好之后两者直接被送去加工。这种购买方式具有很高的自主性,在其他国家很难有这样的购买体验。除此之外,在以色列买钻石还有一个最大的好处,就是省钱,以色列的游客可以拿着购买钻石的单据在机场退17%的税,这绝对是一个划算的选择。

依托庞大的钻石交易中心,仅2019年一年的时间,以色列钻石行业的出口额高达112亿美元。其中，对美国的出口额最多，占出口总额的50%以上，其次是中国，占出口总额的20%。可以说，钻石行业是以色列出口贸易中的主导行业，也是以色列的经济支柱产业，每年都占据以色列总出口额的20%左右，远远领先于其他行业。

除了钻石行业的兴盛发展之外，以色列还有另一重要经济支柱——科技产业。以色列的尖端通信行业、电子科技行业和医疗技术行业都处于世界领先地位。近年来，以色列GDP的全球排名稳定在30名左右，人均GDP也处于全球的前30位，而科技对以色列GDP的贡献值高达90%左右，不论是科技贡献值还是科技研发支出，以色列都位居世界前茅。以色列科学家、工程师和技术人员为自然科学、农业科学、计算机科学、电子学、遗传学、医学、光学、太阳能等领域的现代进步做出了贡献。以色列—俄罗斯商业委员会主任爱德华·施泰因布克在2011年发布的研究发现，以色列每10000人中就有140名科学家和技术人员，而美国每10000人中仅85名科学家和技术人员，日本每10000人中有83名。以科技类的出版物数量进行对比的话，以色列的科学出版物位于世界第四。以色列还拥有全球最多的初创公司，境内的2500多家初创公司在运营，数量仅次于美国。近400个跨国公司在以色列创立研发中心，谷歌、微软、英特尔以及中国的阿里巴巴、华为等巨头企业都在以色列进行核心科技的研发工作，包括英特尔多核处理器、语音邮件技术、医用胶囊相机、U盘技术、大规模太阳能全功能发电厂以及火星影像回传程序等在内的一大批高新技术的发展和应用，都离不开以色列研发中心技术人员的努力。2012年，以色列的特拉维夫市被评为高科技创业公司最佳的创业地点之一，仅次于美国的加利福尼亚州。《波士顿环球报》将特拉维夫列为第二佳创业城市，仅次于硅谷。得益于强大的科技实力和创新能力，以色列也常常被称为"中东硅谷"。

除了钻石行业和科技制造产业，金融业也是促进以色列经济快速发展的重要因素。以色列的金融市场非常成熟，其国内有100多个风险投资基金，管理着上百亿美元。2004年，来自世界各国的国际基金承诺投资也促进了以色列金融业的蓬勃发展。而以色列快速发展的风

九　以色列经济支柱产业　063

险投资和企业孵化也为以色列高科技行业的发展提供了资金方面的支持。除了风险投资基金之外，许多世界领先的投资银行、养老基金和保险公司在以色列都有着强大的影响力，它们将资金用于资助以色列高科技公司，并从其繁荣的行业发展中受益。这些机构投资者包括高盛、贝尔斯登、德意志银行、摩根大通、瑞士信贷第一波士顿、美林和美国国际集团等。

　　作为金融业的重要一环，维持以色列的物价和金融体系的稳定是银行的主要任务。它还负责管理和实施以色列的货币政策，监督和规范银行系统以及负责外汇储备和金融市场基础设施的运作等。除此之外，以色列银行还拥有发行以色列谢克尔纸币和硬币的专有权。以色列建国后，国内流通的货币处于不断贬值的状态，因此，1985年新的以色列货币出现，名叫新谢克尔，取代了老的谢克尔，面值有1、5、10、20、50、100、200不等。到了2003年，新谢克尔成为可自由兑换的货币，这就意味着以色列人可以不受任何地点的限制自由买卖商

以色列钱币　RJA1988 供图

品、出国旅游或投资外汇。新谢克尔推行后，以色列中央银行和政府都采用了较为谨慎和保守的财政和货币政策，并逐步推出各种以市场为基础的经济改革。此外，自由贸易协定的签署使以色列经济更具竞争力，再加上风投公司大量资金的进入，使得以色列能够抓住全球知识经济兴起的机遇，从而大大提高了出口和开放水平，其产品和服务也能够更轻松地进入整个国际市场。

以色列的经济成就不可忽视，当第一批犹太移民在犹太复国主义浪潮的驱使下抵达巴勒斯坦时，没人会想到这片土地上会出现如此的经济奇迹。按照国际经济标准来看，以色列建国前是绝对贫穷的，农业水平十分落后，而且几乎没有制造业。在之后的岁月里，以色列与阿拉伯之间一次又一次的冲突也阻碍了经济发展，急需积累资金的以色列国不得不将大量的收入投入到国防安全领域上。但就是在这种内忧外患的情况下，以色列的经济仍在建国后迅速发展，证明了以色列人民的活力、企业家精神和强大的智力资源。

这种如影相随的危机感和夹缝中求生的强烈意识促成了以色列今天的崛起。以色列的崛起也许证明了经济学家朱利安·西蒙的话："最终的资源是人——尤其是那些被赋予自由、技能娴熟、精神饱满、充满希望的年轻人——他们会为自己的利益发挥自己的意志和想象力，因此，他们也必然会使我们其他人受益。"

滴灌技术打造农业奇迹

我想所有去过以色列的人,都会对它产生这样一个印象,那就是城市之外随处可见的都是沙漠。由此伴生的另一个现状就是,以色列国内水资源严重匮乏,你随便走入一个便利店,都会惊讶地发现,瓶装饮用水的价格甚至比鲜奶还高。但就是这样一个极度缺水、土地贫瘠、荒漠化严重的国家,它却能够建立起高度发达的现代化农业,粮食上不仅能够自给自足,还能源源不断地出口,以"沙漠之国"打造出"农业强国"的奇迹。以色列是如何在沙漠中种植农作物的?是如何解决干旱缺水问题的?又是如何塑造出"沙漠变绿洲"神话的呢?

背后的原因与以色列出色的农业技术密不可分,其中最具代表性的就是农作物滴灌技术。实际上,在以色列建国前,滴灌这一观念就已经出现,它是以色列的一位水利工程师偶然发现的。他看到一棵枝繁叶茂的大树,但大树附近没有充足的水源,带着疑问的他开始挖掘大树下面干燥的土地,想知道这棵树是靠什么活下来的。后来这个叫作斯迈哈·布拉斯的工程师发现了其中的原因:大树下有一处水管的接口漏了少许的水,在大树下面形成了一片很小的湿润区,到了地下,这片很小的区域开始不断扩大,形成了一处洋葱形的地下水区域,最后抵达这棵大树的根部。这些微小的水滴却能穿透土壤促使一棵大树茁壮生长,这种现象让布拉斯非常兴奋,他开始设想发明一套专门的

以色列内盖夫沙漠　王敏 摄

设备投入使用到农业种植上,但由于当时缺少物质材料,而且这种设备成本太高,无法大规模地投入使用,所以他暂时放弃了这项发明。

　　1956年,随着现代塑料制品的出现和大范围的使用,这位工程师朝着他的想法迈出了重要的一步。为了专心地进行实验,他离开了政府部门,与他儿子一起回到私人工作室开始专心研究滴灌技术。以现在的眼光来看,这项技术没有什么难度,它所需的工作就是在植物根部土壤铺设水管,并在管侧开孔,再配上微型开关,让水流顺利通过管线和滴头,将植物生长所需要的清水、肥料按照设定好的流量输送到植物根部。但实际上,要想让水和肥料均衡地渗滴到每棵作物上,还要解决很多技术问题,例如塑料管、接头、滴头和过滤器需要什么样的材质,如何保证滴灌系统能够在烈日暴晒和风沙侵袭下不堵不塞,这都是需要进行多次实验的。后来布拉斯的实验成功了,经过数据分析,他发现滴灌技术的优势是传统灌溉方式无法比拟的,使用滴灌技术时,农作物只需要很少的水量便能健康地存活下来,对于建立在干旱地区的以色列来说,这是一项造福整个国家的发现。随即布拉斯申请了这项技术和表面滴灌发射器的专利，以色列政府也极为重视这一发明，努力地推广和发展这项农业科技，各种研究和经营滴灌技术的机构也应运而生。现如今，这项技术也已经过多次开发，现代滴灌系统更具稳定性，而且所用的材质更加耐酸碱和抗老化，如果设备进行日常维护的话，可连续使用15~20年。

为了将浇灌效能发挥到最大，以色列的科学家又将电脑控制系统引入到滴灌体系中，他们直接将电脑感应器架设到土地上，通过不间断的监测，对土地的干湿度和酸碱度变化进行记录，并根据变化自动调节滴灌时间、水量以及水肥的比例。

相比于传统农业的漫灌方式，滴灌技术能达到节水、节能、节肥、省工的效果。首先滴灌工作的压力要比喷灌低得多，节能、灌溉水利用率高、减少抽水量和抽水能量的同时，输送管道中水肥一体，又减少了肥料的流失。再加上整个滴灌系统使用电脑自动控制，既节省了劳动力，又能保证肥料可以根据作物消耗直接施到作物根系附近，使土壤养分保持在最佳平衡状态。这种准确、及时的施肥只有现代化的滴灌技术才能做到。除了这些优势，使用滴灌技术还能减少土地杂草的生长，方便人员田间作业，等等。

以色列推广滴灌技术以后，耕地面积从16.5亿平方米增加到44亿平方米，全国农业用水总量30年来一直稳定在每年13亿立方米左右，农业产出却惊人地翻了5倍，当之无愧地跻身世界农业发达国家之列。

除了滴灌技术之外，以色列运用大数据进行农业生产的技术也是十分值得其他国家学习的。这个技术主要是通过将传感器安装在树干、藤蔓、庄稼地里，或附着在奶牛身上、挤奶系统上、饲料存储罐中及其他合适的设备上，记录下环境信息，如温度、湿度、动物数量及活动、植物土壤状况、区域内害虫指数等。随后这些数据会被分析，并与理想产出对比，之后再将明确的指导建议返回给农民。这种技术的利用让以色列的农业生产活动标准化，各项种植活动可控，例如土壤环境的数据化、温度湿度的传感器测量、奶牛养殖场每一头牛身体状况的量化等，从而提高农作物产量。具体操作如，奶牛养殖场通过大数据技术指导乳制品生产商在炎热季节增加奶牛的饮水量,以确保奶牛尽可能多地产出牛奶,或者给他们提供明确的混合饲料配方,以减少农舍害虫及细菌的数量。

如今在以色列的农耕区,每隔200米就能看到地下埋藏着大量的输水管,它与土地表面的滴灌系统相连,这些如同蜘蛛网一般的管线,让本来黄沙遍地的土壤中长出了品种繁多、高产稳产和无污染的果蔬。这不仅满足了以色列人的需要,还成为以色列的大宗出口货物。其中,水果中的柑橙、香瓜、西瓜、樱桃、葡萄、草莓、柚子、柠檬,蔬菜中的甜椒、西红柿、青豆、土豆、黄瓜、莴苣以及优质种子等畅销欧美各国,赢得了"欧洲果园"和"冬季厨房"的美名。著名的"沙漠红"西红柿,更成为有口皆碑的世界名品。

除了滴灌技术的发明和大数据的应用之外,以色列还有很多处于世界领先地位的农业科技,它们的出现也给以色列甚至全世界农民提供了解决农业问题的新思路、新方法。例如储存谷物的新式谷仓、先进的杀虫技术、"蛭石"土壤技术以及微咸水种植技术等,这些技

以色列水果超市　Suyoung Kwak 摄

术广泛传播至世界不同的角落,为世界农业发展做出了巨大的贡献。以色列还十分注重开发研制作物新品种,他们利用生物遗传基因和其他手段,不但培育出品质优良、抗病抗虫、适宜当地自然条件的种子和种苗,还以先进的栽培技术指导农民种植,每年向世界市场出口达3000万美元的种子。以色列的大田作物优质高产,且以色列高度重视超常品种的研究,从而构成了从品种到商品的现代化生产过程。

如今,以色列的总种植面积已从建国时的16.5万公顷增加到42万公顷,农业社区的数量从400个增加到900个。在过去的25年里,以色列农业产量已经增长了7倍,其所生产的粮食有70%多用于自给,剩下的多用于出口。回想以色列刚建国时,一个农民只能养活15个人,

以色列水果　邵然　摄

到如今，一个农民可以养活100个人。以色列不但创造了农业世界奇迹，而且成为世界农产品出口大国，每年大量出口谷物、油料种子、肉类、咖啡、可可和糖。其中棉花的单产量排名世界第一，分别是世界和亚洲平均水平的2.26倍和2.28倍，是以色列农作物产品中唯一净出口的产品。

  要知道，作为一个建立在沙漠上的国家，能保证本国国民的自给自足就已经十分困难，而以色列却能在此基础上向国外出口大量的果蔬，这简直让人难以置信。以色列开国总统魏茨曼曾说："只要给我们一碗水，一颗种子，这个民族就能生存。"而现代以色列农业的发展似乎也印证了他的这句话，以色列已经通过高度发达、领先世界的农业技术在中东地区站稳了脚跟。今天，如果驱车经过以色列南部地区，你会看到原本是沙漠的地区，现在已经出现了片片绿洲，漫天的黄色也被点点翠绿取代；如果路过村庄，成片的果树、青绿的蔬菜、多彩的鲜花，都会让你忍不住驻足观看。经过几十年的努力，以色列创造出属于自己的农业奇迹，真正实现了让沙漠开出花朵。

十一
以色列世俗化进程

"我们将让我们的祭司留在他们的神殿内。"当1896年西奥多·赫茨尔在他的著作《犹太国》中写下这句话时,他所期望的以色列是一个世俗国家,是一个像近代德国或者奥地利那样具有现代气息的国家。但事与愿违,当以色列建国后,以色列的第一任总理大卫·本-古里安无视了赫茨尔的建议,他为了吸引更多的犹太人来到这个新成立的国家,在政治手段上采取了更加温和的措施,让宗教政党能够顺利进入议会,进而深入国家机构。这个决定带来的影响是深远的,宗教政党牢牢把握住了他们在乎的东西,一直到今天,世俗的以色列人仍不可避免地在很多方面受到制约,饮食、婚姻、葬礼都必须按照犹太传统文化的安排。那对以色列来说,到底什么样的人才是国家真正需要的呢?是一丝不苟地遵守犹太传统的人?还是一个为以色列国服务,但从不踏入犹太会堂的人呢?围绕民族认同的文化冲突在以色列社会中无处不在,但直到今天也似乎没有达成共识,可时代和社会不会停下脚步,它不会等以色列想清楚了这个问题再前进。世界经济的发展为以色列社会的世俗化提供着不竭动力,而世俗化又与国家的某些安排发生着严重冲突。那么,世俗化究竟是什么?以色列哪些方面在世俗化?是谁在主导世俗斗争?最终又会发展到什么境地呢?

世俗化是什么?它一般被认为是宗教权威的衰落,以及宗教式的价值观对个人行为、社会制度和公共话语影响的减弱。根据这种说法，世俗化不是普遍的、线性的，更不是确定的，宗教和世俗会在特定的政治和社会环境中交叉重叠，即使在某些个人信仰和实践方面仍存在宗教影子，但世俗化会在那些重要生活领域的社会变革中出现。

对于以色列来说，早在犹太复国主义时期，犹太人的复国运动就已经带有浓厚的世俗主义色彩，它向犹太传统提出了挑战。但是由于犹太传统文化根深蒂固，它仍然是社会和政治生活中的重要力量。在以色列建国前，一大批寻求现代教育和职业的欧洲犹太人逐渐走出他们封闭的社区，积极融入周围的社会，他们希望塑造出一个新的身份，一个基于文化、种族、对犹太人的历史归属感和对未来的积极态度的现代身份。犹太复国主义思想的倡导者赫茨尔认为，政治必须从宗教中解放出来，而信仰是把犹太人团结在一起的东西，所以它应属于世俗秩序的一部分。在实践中，赫茨尔也采用更加务实的方法处理两者之间的矛盾，他更关注犹太复国主义运动的团结，并且愿意妥协以获得宗教支持，避免观念上的争论。在以色列建国前后，犹太人通过共同的希伯来语、犹太文化、强烈的民族情感和大屠杀的经历来定义自己的民族，此时共同信仰和某些宗教符号确确实实发挥了不可磨灭的作用。有人曾说，以色列复国主义就是在世俗主义的薄薄外表下，包裹着从未消失过的犹太传统文化。但无论是内在的影响还是现实的需求，宗教机构都成了以色列国家的一部分，在之后的以色列政治生活中，它的力量更加凸显。

以色列建国后，虽然以色列建立了一系列与民主国家相关的政府机构，并试图按照民主的原则解决国家问题，但令人头疼的是，宗教政党遵循的是犹太拉比的法令而不是民主原则，宗教人士也更热衷于把自己奉献给上帝，而不是自己的国家。为了避免双方发生严重冲突，国家又进一步对宗教政党让步和妥协。例如，年轻的犹太人如果将自己的全部精力奉献到犹太经典的研究中，他们就可以免服兵役，这意味着在一个普遍征兵的国家里，国防负担更多地分配给了世俗人士；虔诚的信仰者也不需要通过工作赚钱养家，政府每个月会给他们足够的津贴保证他们的生活；他们甚至有专门的学校，在这里他们只须学习与犹太传统相关的知识就足够了，不用学习其他的课程，所以他们每天都沉浸在犹太传统文化中,对现实生活一窍不通。直到21世纪,英语、数学、历史和希伯来语等科目才被引入学校,成为他们的必修课。其中最令人啼笑皆非的是,以色列政府为了尊重他们的信仰,连议会门口的植物每七年都会被转移到特殊的容器中保存一段时间。

除此之外,有一些让步对世俗犹太人的生活有着更直接的影响。首先,以色列政府指定每周的星期六,也就是犹太传统文化中的安息日,作为法定休息日,几乎所有犹太人的商店和公共服务都会关闭,甚至国有航空公司运营的客机也需要在这些日子停飞;其次,公共机构必须遵守犹太传统的饮食习惯,因为逾越节期间犹太人不吃任何发酵食物,所以每年的这个时候超市货架上都会清除所有含谷物的食物,包括啤酒或麦片,甚至随处可见的面包也会被无酵饼取代;最后,个人生活等方面也会受到犹太传统文化的严格限制,例如世俗人士的婚姻和葬礼。

直到20世纪80年代,大多数以色列人都认同这种保守主义的做法,

逾越节期间超市封闭销售发酵食品的专柜　刘洪洁 摄

认为这是犹太人性格的组成部分,是对犹太传统文化必要的妥协,或者这只是一件不重要的事情,对他们日常生活的影响不大。不仅是虔诚的宗教政党,世俗的以色列人也没有表现出想要改变的意愿。

但 90 年代之后,受移民、和平进程和高科技产业的影响,以色列国内经济出现爆炸式的增长。以色列的经济飞跃与东南亚"四小龙"的经济腾飞不相上下,此时以色列人民的生活水平,尤其是中上阶层的生活水平,已经达到西方发达国家的水平。经济增长为以色列社会带来了新的选择,而新的生活方式也使传统的限制难以维持。世界性的购物中心和大型连锁超市开始在以色列街头涌现,为以色列人提供各种商品和新的购物方式。以色列人在住房、交通和通讯上的花费越来越多,而在食物和衣服上的花费越来越少。

这种新的消费方式与犹太传统文化的指导格格不入,世俗以色列人开始在各方面进行"离经叛道"的尝试,突破犹太传统的限制。这种突破首先表现在婚姻问题上,由于犹太传统文化对婚姻的约束,以色列的犹太人如果想合法地结婚,必须要在犹太拉比的主持下,经过一系列复杂的仪式,才能缔结婚姻,这是目前犹太人在以色列唯一合法的结婚方式。但对于世俗犹太人来说,他们是完全抗拒这种方式的。因此越来越多的以色列人为了避开犹太传统文化的限制,选择了那些非官方的世俗的结婚方式。目前最受欢迎的非官方结婚方式就是旅游结婚,他们前往另一个国家,在当地举行合法婚礼后再返回以色列登记。最热门的结婚地点就是以色列邻国——塞浦路斯,由于其地理位置的优越性以及地方政府的大力支持,每年从以色列前往塞浦路斯结婚的多达上万人。以色列的报纸曾这样报道:"他们成群结队地前往塞浦路斯,花 1000 美元在一家五星级豪华酒店度假三天,酒店里有桑拿浴室、游泳池、健身房、英式早餐,顺便结婚……不用在婚礼仪式上打碎玻璃,妻子不需要和拉比交谈,也不用在浴室里沐浴。"如今每年在塞浦路斯举行的 5000 场外国人婚礼中,约有 1500 场是以色列人举办的。他们利用短暂的假期,用一天时间来到塞浦路斯,举行结婚仪式,然后回到以色列登记他们的婚姻。近年来,除了塞浦路斯,以色列犹太人发现了更多结婚目的地:意大利、保加利亚或者塞舌尔和巴哈马等著名旅游地点。在海外举行婚

耶路撒冷市场一角　邵然 摄

柜台中摆放的甜品　邵然 摄

礼是以色列犹太人突破传统文化限制的一个手段,也促使更多世俗犹太人从不同的方面改变社会面貌。

　　其次在饮食习惯上,尤其是猪肉问题上,世俗犹太人也开始积极地争取自身的权利。根据犹太传统文化的说法,猪肉不仅是不洁净的,还代表着犹太人世世代代遭受的迫害和羞辱。马加比起义中,汉娜和她的七个儿子因为拒绝吃猪肉而被处死,千百年来这个故事已经成为犹太文化中坚定抵抗或殉道的象征。因此,在以色列建国后的三十年里,没有人吃猪肉,然而随着世俗以色列人的增多,猪肉的地位开始发生变化,它开始越来越多地出现在超市、熟食店和餐馆中,成为许多以色列人饮食的一部分。以色列的报纸还曾描述过一家非洁食超市开业的盛况:一阵巨大的骚动爆发了,数十辆汽车和数百人拥挤在分店的入口处。广告上是两只胖乎乎的虾,暗示这是一家非犹太洁食超市。该分店占地面积 3000 平方米,除售卖常规产品如虾、软体动物、新西兰鳗鱼、猪肉、兔肉等外，还销售来自世界各地的各种面包和其他美食，包括俄罗斯的冰激凌和匈牙利的浆果。在商店入口处的自助餐厅里，人们可以买到虾仁比萨、意大利腊肠和硬奶酪三明治。对于许多年轻的世俗以色列人来说，猪肉的禁忌意义不再重要，它仅仅是桌上的一盘美食而已。

最后，安息日的斗争也标志着新的消费方式冲击着旧的社会传统。对于虔诚的犹太人来说，安息日是一个神圣的日子，是一个专门用于祈祷和家庭生活的日子，所有商业活动都应该是被严格禁止的。而对于世俗犹太人或者其他民族的人来说，安息日和一周内其他的时间没什么不同，他们希望在安息日依然能够前往商场购物或进行其他娱乐活动。但法律强制规定了安息日是法定休息日，很多世俗人士都觉得自由受到了限制，他们开始展开大规模抗议："我们不会打扰你们祈祷，不会干扰你们吃犹太食物，也不会干扰你们按照自己的意愿在神学院学习，所以也不要打扰我们。"显然，抗议是有效的，政府和法院对安息日的商业活动表现出默许的态度，法院在判决中提到："限制安息日贸易的法律因其社会价值而得到维护，然而公众的需要也必须得到保护。"作为回应，大型购物中心开始出现，随后在以色列的每一个重要城市都有国际连锁品牌店铺加入，美国的快餐店、玩具店、服装店都为以色列消费者提供了一种新的购物体验。当然，他们都有共同的优势——在安息日营业。

不论是民事婚姻、猪肉销售还是安息日商业活动的激增，都显示了过去三十年里以色列社会发生的巨大变化，这些变化可以归因于世俗的意识形态和有组织的世俗斗争。犹太传统习俗的控制激发了世俗人士的抗争，20世纪80年代之前，这些斗争的声音较为微弱，难以打破传统习俗的控制。但20世纪80年代之后，随着经济全球化、新自由主义经济政策的出现以及大量世俗犹太移民的加入，反抗的声音越来越大，反抗的范围也扩展到生活的方方面面，促使以色列社会朝一种新的世俗化方向发展。

虽然全球化促进了以色列社会世俗化，但从另一个角度来看，抵制世俗化的反对力量也逐渐被组织起来，声势浩大，使传统文化在某些领域的控制力更强，甚至控制范围还有不断加大的趋势。在以色列

特拉维夫　avner nagar 供图

国内,支持与反抗的声音交织在一起,逐渐在社会中显示出两种不同的变化,一些城市越来越世俗化,另一些则越来越保守化,特拉维夫和耶路撒冷这两座城市似乎就是两个极端。

特拉维夫就像其他国际化大都市一样,是一个充满活力和多样化的城市,城市内有来自世界各地的连锁超市、美食城和娱乐场所,酒吧、舞厅一直营业到午夜,最重要的是,没有安息日的限制。"特拉维夫是一座无须解释为何住在那里的城市,这里的大多数人都是世俗的,你不必解释你是不是犹太人。"而相距半小时车程的耶路撒冷,则是另一幅面孔,传统、庄严、清冷是它的独特气质。虽然两座城市彼此仅仅相隔54公里,但它们就像两个不同的世界一样。以色列《国土报》

的专栏作家曾这样描述两者的区别:"以色列自称是一个犹太民主国家。当有些游客问我那是什么意思时,我说我们有犹太耶路撒冷,我们有民主的特拉维夫。"

　　以色列世俗化的进程是崎岖和复杂的,因为犹太民族这个概念起源于犹太人的传统信仰,在今天,当传统文化和犹太历史被置于一个世俗国家的框架中时,这种矛盾性就体现出来。尽管在过去几十年里,以色列人已经在很多方面展现出新的面貌,他们在重要的仪式和日常的休闲活动方面有了新的选择,但这些新的世俗化现象并不是正面对抗的结果,而是利用漏洞来规避现有的安排。通过这些逃避的手段,难以彻底地解决以色列面临的矛盾问题,也很难给以色列带来真正的世俗化。

特拉维夫　Shai Pal 供图

十一　以色列世俗化进程

耶路撒冷　秦吉　摄

十二

矛盾与利益的交织——巴以冲突

巴以冲突一直是全世界新闻媒体的固定话题,在这片小小的土地上,以色列和巴勒斯坦之间的紧张关系产生了足以震动世界的能量。简单来说,巴以冲突的核心就是一个土地和两个民族运动,一个土地就是巴勒斯坦,两个民族运动就是巴勒斯坦民族运动和犹太复国主义运动。随着时间的演变,这个看似简单的问题,在文化方面却牵扯到多个族群的恩恩怨怨,在政治上成为两大意识形态产生纠葛的主要地区,在经济上更是与世界最大的能源产区息息相关。在世界上各种矛盾与利益的交织下,这场冲突跨越了上百年的时间,直到今天,它依然没有要停止的迹象,巴以冲突也成了世界上最难解决的问题之一。

巴以冲突起源于19世纪后期,散居在世界各地的犹太人在反犹主义的驱使下,开始提出回归巴勒斯坦建立犹太家园的方案,也就是犹太复国主义运动,随后在这项运动的号召下,轰轰烈烈的大移民开始了。从1882年开始,犹太人开展了多次移民活动,截至1948年以色列建国,有超过300万犹太人移居到这块土地上,让原本只有2万多犹太人的巴勒斯坦地区变成了犹太民族新的聚集地。源源不断的犹太移民改变了这块土地上原本的人口生态结构,犹太人所占比例越来越高,严重威胁到了巴勒斯坦地区世代生存的阿拉伯人。这激起了阿拉伯人的强烈反抗,强硬的阿拉伯民族主义者从大马士革返回巴勒斯坦地区，将犹太民族运动和巴勒斯坦地区的犹太移民视为敌人，两个民族开始争夺这块土地的生存权。而此时的英国为了自身的利益，也开始插手这块土地的纷争，1917年发表的《贝尔福宣言》表明英国政府支持在巴勒斯坦地区建立"犹太人的民族家园"。这不仅没有解决双方的问题，反而使冲突激化和升级，大规模骚乱和反犹暴动的开展标志着两个民族冲突的开始。

到了1947年，随着该地区的暴力升级，英国把这桩麻烦事甩给了联合国。联合国通过了一项分治方案，想要将巴勒斯坦地区划分为一个阿拉伯国家、一个犹太国家和一个独立的由联合国控制和管理的耶路撒冷。但方案没有奏效，还引发了阿拉伯人的又一次暴动，"炸弹被扔进咖啡馆，燃烧瓶被扔向商店，一座座犹太教堂被焚烧"，连波兰和瑞典的领事馆也遭到袭击，只因为这两个国家都投了赞成票。犹太人也开始组织地下民兵，集结了众多犹太退伍军人和外国志愿者，与阿拉伯人对抗。谋杀、报复和反报复接踵而至，成为巴勒斯坦地区的常态。

以色列和约旦的国界线（阿卜杜拉大桥） 刘洪洁 摄

双方的矛盾于1948年达到顶峰。当以色列前总理大卫·本-古里安宣布以色列成立时，周边的阿拉伯国家随即将军队开进巴勒斯坦地区，发誓要"把犹太人赶下海"，第一次中东战争爆发。原本的巴以冲突也随着阿拉伯联盟的加入升级为阿以冲突。最终，以色列取得胜利，并吞并了原本国家边界之外的领土，而约旦占领约旦河西岸，埃及接管了加沙地带。

可这次战争并不是结束，而是之后多次战争的开始。在1956年、1967年和1973年，双方分别又进行了三次大规模战争，但以色列国并没有被阿拉伯联盟从地图上抹去，反而是在以美国为首的西方国家的支持下越来越强大。以色列不断地扩张其领土，从叙利亚手中夺取了戈兰高地，从约旦手中获得了约旦河西岸的军事控制权，又从埃及手中夺得了西奈半岛。

无休止的战争让大家意识到这不是一个长久之计。1979年，埃及和以色列的和解成为巴以冲突的一个巨大转折点。经过以埃双方的一系列和平谈判，作为双方和解的条件，以色列将西奈半岛交还埃及，埃及和以色列代表签署了《戴维营协议》，结束了埃及和以色列三十年的冲突。随后和平问题开始被以色列频频提起，"以土地换和平"成为以色列对外的口号。在这个原则下，巴以双方于1993年达成了有限的和解，签署了《奥斯陆协议》。协议中主要决定了三件事情：巴解组织承认以色列的生存权，以色列承认巴解组织是巴勒斯坦人民的代表，双方同意以和平方式解决所有悬而未决的分歧。

《奥斯陆协议》中出现的巴解组织，成立于1964年，全称是巴勒斯坦解放组织，是一个旨在通过武装解放巴勒斯坦的组织，它由众多抵抗运动组织、政党和民众组织构成。巴解组织的合法性是毋庸置疑的，它已经被100多个国家承认为巴勒斯坦人民的唯一合法代表，且巴勒斯坦国也在1988年成立，由巴解组织行使国家和政府的职能。目前巴勒斯坦已经被联合国赋予"非会员观察员国"地位，中国是最早承认巴解组织和巴勒斯坦国的国家之一。

巴解组织是一个较为松散的联盟，由多个派别共同组成，坚持"多党制""少数服从多数"和"集体领导"原则。各个流派都有自己的组织和政治主张，他们的分歧主要在是否承认以色列国和使用什么手段上，但最终目标都是一致的，即恢复巴勒斯坦民族的权利，建立一个独立的民族国家。法塔赫是巴解组织中人数最多、实力最强的派别，在21世纪之前，它主导着整个巴解组织的政治、外交、军事和财政大权。它最初坚持以武装斗争的方式对抗以色列，随着20世纪80年代后中东和平进程的发展，法塔赫的主张开始趋于温和，渐渐承认以色列的存在，并希望在以色列"以土地换和平"的原则上解决巴以冲突问题。但随着巴解组织的发展，内部斗争不断，法塔赫在巴解组织中的权力逐渐被削弱。到2006年，面临着内忧外患的法塔赫在巴勒斯坦立法委员会选举中失利，败给了另外一个更加激进的党派——哈马斯，并与其发生大规模冲突，造成数千名平民的伤亡和数十亿美元的损失。最终双方在国际调解下签署了停火协议，哈马斯掌握了加沙地带的控制权，法塔赫则退守约旦河西岸。

与法塔赫相比，哈马斯是一个宗教色彩更加浓厚的抵抗组织，它的全称是巴勒斯坦伊斯兰抵抗运动，成立于1987年。从成立至今，哈马斯始终不承认以色列的存在，并且拒绝和平的方式解决巴以问题。各式各样的恐怖袭击是哈马斯的主要活动，他们热衷的绑架、暗杀、爆炸等极端的行为都让实现中东和平的道路更加艰难。

除了法塔赫和哈马斯，巴勒斯坦还有解放巴勒斯坦人民阵线、解放巴勒斯坦民主阵线等。这些党派不仅攻击以色列，也会将美国视为敌人，甚至还将矛头对准温和的阿拉伯国家，认为它们已经被西方世俗化所侵蚀。

直到今天，巴以冲突仍在持续，双方矛盾的焦点主要在以下几个方面。首先就是巴勒斯坦国的领土问题，巴勒斯坦地区一共被分为了A、B、C三个区域，A区为巴勒斯坦完全控制的区域，B区为双方共管区域，以色列负责军事安全方面的管控，巴勒斯坦负责民事管控，C区为以色列完全管控。根据这种分配方式，巴勒斯坦控制的地区主要呈点状分布，并没有连在一起，这给巴勒斯坦国家的内部交流带来了极大的困扰。有人称，分离的地区无法建立一个有生存能力的国家，也无法满足巴勒斯坦的安全需求。在领土纷争中，耶路撒冷的控制权又

约旦河 刘洪洁 摄

是一个更加微妙的问题,每一方都声称拥有这座城市的主权。对犹太人来说,耶路撒冷曾是犹太圣殿的所在地,也是以色列王国的首都。对于穆斯林来说,耶路撒冷是第三大圣地,是穆罕默德夜行登霄和阿克萨清真寺的所在地。对于基督徒来说,这里是耶稣受难和圣墓教堂的所在地。巴解组织声称,耶路撒冷是未来巴勒斯坦国不可分割的首都,而以色列也认为,完整而统一的耶路撒冷是以色列的首都。双方坚持着不同原则,互不相让,没有丝毫回旋的余地。

其次就是难民问题。据联合国统计,几次中东战争让上百万阿拉伯人沦为难民,他们主要分布在以色列、加沙地带、约旦、叙利亚和黎巴嫩等国家和地区。他们的生活条件极其恶劣,没有固定的工作,主要依靠政府的救济生活。面对这种情况,以色列领导人却坚决地提出,难民没有回归以色列地的权利,他们应该去周边的阿拉伯国家,而除了以色列之外的其他国家,在接受大量难民后都在经济、安全上面临着巨大的考验。目前仍有很多难民急需得到相应的救助,但从双方的态度来看,他们似乎都在有意无意地逃避这个问题。可时间不等人,如果这个问题无法被妥善解决,难民的数量只会越来越多,巴以冲突也会更加难以解决。

再次,在中东这片干旱的地区,水资源也一直是个重大问题。曾有人专门调查了加沙地带居民使用水的状况:仅有25%的家庭每天都可以使用自来水,40%的家庭每隔一天使用,20%的家庭每三天使用一次,剩下的15%长达4天才可以接到一次自来水。而且加沙地带的自来水并不是随时都有的,一天中仅有8个小时能在水管中接到自来水。而约旦河作为巴勒斯坦地区最重要的一块淡水区域,其流域内的水资源如何分配和使用也是制约巴以和谈的关键。根据双方的协约,以色列和巴勒斯坦国双方应该按照特定的比例共享水源,但实际上,以色列通过修建水坝等水利设施占用了约旦河大部分的水资源,叙利亚、黎巴嫩和巴勒斯坦国的用水量加在一起都远远少于以色列的用水量。

最后,以色列的定居点问题也是双方争论的焦点之一。六日战争之后,以色列在约旦河西岸、东耶路撒冷和戈兰高地建立了许多新定居点,其中大多数定居点位于西岸西部,但有些定居点则深入巴勒斯坦领土，可以俯瞰巴勒斯坦城市。尽管巴勒斯坦国和国际社会强烈反对这种做法，但以色列却一再扩建定居点，旨在通过这种方式吸纳更多的犹太移民，进一步增强以色列的合法性，也希望通过这种手段制造更多的既成事实，来增加自己的谈判筹码。越来越多的定居点成为巴勒斯坦地区族群间冲突的首要场所，也使得巴以矛盾持续加深。

近年来，不论是以色列，还是巴勒斯坦国，抑或是国际社会，都为解决巴以问题提供了多种思路。首先是以色列国家内部出现了大量的非政府组织，例如以色列占领区人权资料中心、"现在就和平"组织等，他们的目的都是和平解决巴以问题，为巴勒斯坦的居民争取应有的权利。其次，周边的阿拉伯国家也在调节巴勒斯坦内部冲突、保障巴勒斯坦安全方面起了难以忽视的作用。最后，在国际社会层面，欧盟作为以色列重要的贸易伙伴，也大力支持着巴勒斯坦国的建设，他们采取更加公正的态度面对巴以问题。中国主张以和谈的方式解决巴以问题，倡导两国在联合国的相关决议下，基于"土地换和平"的原则，通过积极的对话消除分歧，最终实现和平共处。

目前来看，要想妥善地解决巴以冲突问题，最可行的办法就是"两国方案"，即巴勒斯坦和以色列共同享有这片地区，分别建立属于自己的国家。实际上，联合国181号决议早就提出了这个"两国方案"，但因为早期双方冲突过于激烈，巴以和谈根本没有得到应有的关注。随着国际形势和双方态度的转变，双方都希望采用更加温和的方式解决问题，但对于"两国方案"中涉及的具体问题，双方还没有达成一致。以色列的前总理内塔尼亚胡认为，如果要他承认巴勒斯坦国家的存在，巴勒斯坦必须放弃完整的领土，放弃军队，这个苛刻的条件其实就是变相地反对"两国方案"，这也使巴以和谈难以继续。

直到今天，这个纠结了将近上百年的问题仍未得到解决，这让很多人不禁想问，巴以双方的下一步将怎么走？他们之间真的可以和解吗？

答案是未知的。多年来，充满冲突的政治话语成为以色列的主导模式，它所做的一切不是为了和平，而是为了安全。以色列前总统佩雷斯曾说过："对我来说，从防御领域过渡到和平领域就像是离开现实世界，换取一个不真实的世界。"他认为和平是很难实现的。归根结底，犹太复国主义所创造的以色列，其政治秩序基于这两点：以色列是犹太人的土地和保证以色列的安全。这两条思路构成了巴勒斯坦地区争端的核心，也概括了巴以冲突的关键问题。一方面，以色列坚持巴勒斯坦地区是犹太人的土地，这意味着它不会承认巴勒斯坦建国的权利。那么以色列既不想分裂土地，也不会把双民族国家视为一种现实选择，巴勒斯坦国仍然只能是巴勒斯坦地区的"局外人"。另一方面，以色列从建国之日起就面临着阿拉伯国家的威胁，这让以色列始终处于警惕状态，如何保证自己的安全是以色列的首要任务。这种国家安全观念来自犹太人苦难的历史，它假设犹太人和其他民族之间的敌对关系永远无法得到彻底解决，因此，它需要强大的军事力量，可以保证以色列的国家安全，保护以色列人民不会受到伤害。

尽管国际社会对以色列施加的压力与日俱增，但以色列仍坚持这一充满了冲突的政治原则。如果以色列的这两点基本政治秩序不变，那么巴以冲突就很难被彻底解决，真正的和平就只能存在于想象中，永远无法实现。

十三

"一带一路"倡议下的新征程
——中以关系图景

中华民族和犹太民族作为世界上两个古老的民族，都有着深厚的历史积淀。两个民族生活在亚洲大陆的两端，虽相隔万里，却早在两千多年前就有了交往的历史。到了唐宋时期，越来越多的犹太人通过丝绸之路来到中国，然后定居下来，有的参加科举考试，有的从事商业活动，渐渐成为中华民族的一部分。正是由于频繁的交流和互动，到了近现代，在双方各自建国之前，两个民族一直保持着这种良好的友谊。1948年以色列建国后，中国共产党就在报纸上表示了祝贺。中华人民共和国成立之后不久，以色列也率先承认了中国的国际地位，成为中东第一个承认中国的国家。但遗憾的是，由于朝鲜战争的爆发，再加上美国及其他国家的影响，中以的关系并没有一帆风顺地持续下去，反而开始了长达三十年的冻结期。周恩来总理曾就中以关系指示道："同以色列缓建交，但可保持贸易关系。"在这段时间内，中以双方有过多次接触，但都没有建立正式的外交关系。

20世纪80年代，随着中国改革开放的开始，中国在对外政策上做出了巨大的调整，与越来越多的国家建立了外交关系，在这个大环境的影响下，中以关系开始解冻。民间交往成为双方重新交流的起点，两国频繁的经贸活动和技术交流为双方正式建交奠定了基础。1990年中国国际旅行社在以色列的特拉维夫建立办事处，成为中国首个入驻以色列的具有官方外交权力的机构。而以色列也在北京开设了官方学术机构的联络处，双方开始了官方主导下的交流活动。最终在1992年1月24日，中国和以色列建立大使级外交关系，正式开启中以两国及中犹两个民族关系史的友好新篇章。建交以来，两国在科技、经贸和社会人文等领域开展了更广泛深入的交流与合作，两国关系发展进入了一个高潮期。因此也有人说，中以建交是"一个推迟了42年的行动"。

中国和以色列的经济有很强的互补性。1992年中以建交以来，双方成立了多个与经贸相关的委员会，并签署多个经济合作协议，例如经贸联委会、创新合作联委会等。双方基于互利共赢的原则，达成了多项投资保护协定，避免双重征税，促进了双方的经济交流、产业研究和技术创新合作。两国的贸易额也从1992年的5000万美元提升到150亿美元之多，两国经贸关系的迅速发展，离不开我国市场多元化战略的大力推动。目前，中国已成为以色列在亚洲的第一大贸易伙伴和全球第二大贸易伙伴。

与其他以自然资源和服务业为主的新兴市场国家不同，以色列自然资源匮乏，吸引外资的主要优势产业为高科技行业，目前以色列对中国的出口以高科技为主，包括电子、光学产品、农业技术等。以色列农业科技发达，农业是两国最早开展的合作领域之一，两国通过签署植物检疫合作协定，开展了一系列农业合作项目，在中国农业大学成立了中以农业培训中心，在北京郊区建立了中以示范农场，在山东、陕西、云南及新疆等地建立了农业培植、花卉种植、奶牛养殖、节水旱作农业示范基地。中国向以色列市场提供受其欢迎并具有竞争力的原材料、轻纺产品和消费品。除此之外，中国公司还在以色列承建了多项工程，并提供了大量的中国劳工，数量曾一度接近4万人。《耶路撒冷邮报》就曾提到中国劳工的问题，认为中国工人作为高素质和有经验的劳动力，大规模地涌入以色列，不仅可以降低以方劳工成本，而且能够将高层建筑的施工进度缩短20%至30%，因为根据数据分析，在建设高层建筑方面，中国建筑工人的速度比以色列和巴勒斯坦的工人快了50%。

两国间文化、教育、体育等方面的交往与合作范围也在不断扩大。文化交流协定、体育合作备忘录、教育合作协议、旅游合作协定、中国旅游团队赴以色列旅游实施方案谅解备忘录等相关协议的签订，推动了双方在文化、艺术、影视、文学和教育等领域的交流与合作。2007年，"中国文化节"在以色列举行，特拉维夫大学孔子学院成立；2009年，"感知中国·以色列行"大型文化交流活动在以举行；2010年，以色列首次以自建馆形式参加上海世博会；2017年，举办中以建交25周年系列庆祝活动，同年，以色列特拉维夫中国文化中心揭牌。

总体来看，中以两国间既没有历史遗留问题，也没有直接的利益冲突，因此自建交起，中以关系发展顺利，在多方面都取得了很大的进步。但中以关系的发展经常会受迫于其他国家，使得中以两国的合作项目无法顺利地开展。例如，以色列与美国的关系，中国与阿拉伯国家的关系，都会掣肘中以关系的发展。

2000年发生的"费尔康预警机事件"就是其中一个典型的例子。在海湾战争之后，中国意识到发展预警机的重要性，因此积极与以色列展开对话，希望在军事预警系统上达成相关的合作。最后经过4年的谈判，中国和以色列在1996年达成协议，由以色列帮助中国共同建造"费尔康"预警系统。根据协议，每套"费尔康"系统的售价为2.5亿美元，中方预先支付一套系统的款项，以方将在4年后交付第一架预警机。但距以色列交货的日期只剩下不到8个月时，美国却插手进来，认为这项合作会泄露美国的技术，于是美国利用各种手段开始向以色列施压，并以减少每年对以色列的援助作为威胁，以色列最终没能扛住压力，单方面地撕毁协议，扣押了预警机。虽然以色列最后退回了我们的定金并象征性地进行了赔款，但这也宣告了"费尔康"预警机项目的失败，中国不仅失去了学习世界先进预警雷达技术的机会，也浪费了自主研发预警机的关键时间。

除了美国的影响以外，中国和阿拉伯国家的友好关系也会影响到中以关系的进展。早在万隆会议时，中国便确立了优先发展与阿拉伯国家关系的原则，中国和以色列之所以能够在20世纪90年代顺利建交，也正是因为以色列和阿拉伯国家关系有所缓和，这才让中国有了与两方国家同时建立外交关系的契机。对于中国来说，和平友好的中东局势是我们更加愿意看到的，但面对阿以冲突的现状，如何平衡中国同阿拉伯国家和同以色列的关系，一直是中国在中东外交问题上的难题。当阿以关系紧张时，中国需要顾及阿拉伯国家的态度，不会与以色列进行密切交往；当阿以关系缓和后，中国也会随之与以色列进行友好合作。

在与伊朗的外交问题上，这种三角关系表现得更为突出。中国既需要伊朗的石油，又需要以色列的科技产品，但伊朗和以色列的政治摩擦严重，两国互相视对方为死敌。面对这种情况，有人担心伊朗与以色列的现状可能会破坏中以两国贸易关系。但实际上中国也在其中发挥着独特的协调作用，为推动中东地区的和平尽一份力。以色列亚洲中心主席卡普兰曾说道："中国站在局外人的立场，而且不插手以色列事务，这是以色列可以期望得到的，但是不要指望中国仅仅为了维系和以色列日益增强的关系而减少与伊朗之间的贸易，这种想法是不现实的。"

近年来，中以创新合作理念契合、优势互补、潜力巨大、前景广阔。目前两国在基础科学、现代农业、健康医疗、军工、能源等领域的合作成果丰硕，两国关系的发展也进入一个新的高潮，其特点具体表现为：首先是两国高层频繁互访。2013年年底中国提出"一带一路"的倡议并成立"亚洲基础设施投资银行"（简称"亚投行"），以色列不顾美国反对也加入了"亚投行"，并成为创始成员国之一，积极响应了中国"一带一路"建设。之后以色列的总统、总理以及多名部长也都对中国进行了访问，而中国也每年都有一位国务院副总理访问以色列。如此频繁的高层互访行为，在中国或以色列都是不多见的，这不仅意味着双方关系的进一步发展，也映射出两国在经济合作上的积极性。

在这种友好的局面下，中以关系展现出第二个特点，即经贸合作密切且日益多元化，高科技合作取得多项重大突破。贸易是中以双方关系发展的基础，以色列向中国出口最多的就是集成电路芯片、电子器械、医疗设备等，而中国向以色列出口最多的是广播设备、电脑、空调和显示器等产品。在"一带一路"项目上，以色列作为重要节点，优先建设的是基础设施的互联互通，目前最为瞩目的成就是从特拉维夫到埃拉特的高速铁路项目，即所谓的"红海—地中海"高铁项目。这条高铁线从以色列最南端的红海海港城市埃拉特，连接到北部地中海港口城市阿什杜德、特拉维夫和海法，总长约350公里，其中需要穿越以色列的内盖夫沙漠。建成后，来自亚洲方向的海运货物可直接通过铁路转运至地中海海域，最后运抵欧洲。对以色列来说，这条铁路有利于南北交通，可以加快南部地区的开发，更能够方便运输来自印度洋的货物。对中国来说，"红海—地中海"高铁的开通能使中国的货物更加便利地抵达北非和欧洲，而不需要经过苏伊士运河，也不再需要担忧恐怖分子的袭击。从另一个角度来看，承建这项高铁项目也有助于中国那些具有成熟经验和技术的铁路建设公司走出国门，为中国劳动力提供海外就业机会。

　　中以合作紧密的另一个表现是人才之间密切的交流合作。教育作为国家的重中之重，在中国和以色列都广受重视，因此教育也成为中以人文合作的一个重点领域。自1993年起，两国政府就开始互相派遣留学生，2010年，以色列教育部决定将中文列入中小学和大学的选修课程，一些高校也纷纷建立中文系和中国研究机构，目前在以色列境内为学生提供汉语学习的学校已经超过100所。2007年和2014年，特拉维夫大学和希伯来大学先后开办了孔子学院。中国的北京大学、上海外国语大学、北京外国语大学和中国传媒大学也先后开设了希伯来语专业。2015年，广东以色列理工学院的创办是中以教育合作的又一大项目，它能够更好地推动我国在工程科学和生命科学等领域的研究和创新。

　　最后，中国和以色列丰富多彩的文化艺术交流也逐渐促使着中以关系的升温。作为东西方文化的交汇处，再加上城市本身的历史色彩，以色列的艺术融合了多元文化，体现着千变万化的美。山间的梯田和山脊勾画出千姿百态的线条与形状；内盖夫山麓中漫山的灰绿色植物同明亮的光线形成非凡的色彩效果；海洋、沙滩和蓝天也构成了自然界中最美妙的画面。这些美好的景色体现在以色列的绘画、雕塑、摄影和其他艺术形式中，让以色列的艺术在国际上享有很高的知名度。

从 1993 年开始，中国就开展了与以色列的文化合作，以色列画展、摄影展经常会在中国展出，舞团、乐团都先后来华交流演出。上海市将犹太人曾经的栖息地——虹口区提篮桥地区列为"提篮桥历史文化风貌区"，并且把曾经的犹太会堂旧址修建成犹太难民纪念馆。文化作为一种无形的"软力量"，对国家间关系的发展具有潜移默化的影响。在国际交流与合作中，同质文化可起到凝聚与润滑作用，异质文化则容易引起碰撞、摩擦乃至冲突。中以双方通过互相交流，能够更好地了解彼此的文化习俗，从而为更大范围的经贸合作打下坚实基础。

总而言之，作为一个兼具东西方特色的国家，以色列在创新和研发领域具有全球公认的领先地位，投资环境良好，且积极参与"一带一路"框架下基础设施建设等合作，这对于正在实施创新驱动发展战略的中国来说，无疑是一个潜力巨大的合作对象。但在两国交往的过程中，也应警惕第三方因素的影响，做好危机防控，在中东和平稳定的局势下，稳步推进"一带一路"重大合作项目，发展"创新全面伙伴关系"，促进双方国家建设、民族复兴。

结 语

有人说，犹太民族是一个多灾多难的民族，无数次遭到异族的迫害；但也有人说，可怜之人必有可恨之处，正是因为他们的种种行为才招致如此多的痛苦。

有人说，犹太人又是一个坚强的民族，在经历了一千多年的大流散之后，也没有消失在历史的长河中，反而在巴勒斯坦成功建立了民族家园；但也有人说，犹太人野蛮地侵占巴勒斯坦，并借助武力打退阿拉伯世界的联军，抢占领土。

有人说，犹太人还是多姿多彩、才华横溢的民族，从音乐、金融到物理等方面人才济济；但也有人说，犹太人贪婪、冷漠、唯利是图，他们绝不放弃任何赚钱的机会。

所以当谈到以色列时，人们总会出现严重对立的观点，双方常常为此争得不可开交，虽然我们都想了解一个更加真实的以色列，但无论是书籍、影视作品，还是新闻报道，都带有一定的倾向性，可这些倾向又是难以察觉的，因为我们不知道这些内容的创作者是站在何种立场的，而他是否又是带着某种目的性去进行创作的。有时即使创作者想要客观地书写以色列，他们所接触到的知识也会带有主观色彩，以至于他们会在无形中作出有失偏颇的判断。

基于此，如何保持客观成为讨论以色列时难以避开的话题。因为我们想要了解的是一个更加真实的以色列，而不是一个在欧洲人或者阿拉伯人眼中的以色列。但绝对的客观是不存在的。我想，保持绝对的中立可能只是个高尚的梦想而已，在这个梦想背后，是数不清的意识形态混合物。对于以色列更是如此，即便作者想要拨开重重迷雾见到它的真面目，也会受制于个人的局限性无法实现。

为了保证这本《以色列漫话》以一个较为客观的立场、中立的态度描绘以色列，我坚持了两个原则进行写作：一是确保文字书写以历史真实为基础，二是坚持马克思的唯物辩证法。在这两个原则的基础上，本书选取了十三个以色列国较为特殊的、关注度较高的或是引起较大争议的问题进行了讨论。这些问题大致按照从民族文化到政治社会，再到国际交往的顺序组成。首先是与犹太人民族文化息息相关的几个重要方面，从历史上的巴勒斯坦开始，到大流散、犹太经典、耶路撒冷和希伯来语的复兴，每个方面都是我刚接触犹太人和以色列时最感兴趣的话题；其次介绍了以色列政治社会的部分情况，可能某些制度或现状是比较常见的，但在以色列国内出现了一些新变化，体现着当今以色列社会的风貌；最后将以色列的国际交往现状作为收尾，因为冲突与和平是以色列国不可回避的问题，书写这两个方面，不仅是对现实情况的关怀，更是对以色列未来的展望。

在众多关于以色列国的书籍中，这本《以色列漫话》只能算是一本介绍以色列的通俗小书，但也期望它可以让你开始了解以色列。了解以色列的民族文化，了解以色列的社会与族群，了解以色列的前世今生，当然更需要感受古城耶路撒冷穿越千年的美丽与哀愁，感受以色列第二大城市特拉维夫的摩登现代之美，感受地中海沿岸的碧海蓝天、漫长沙滩和醉人海风。本书只是一个起点，关于以色列还有更多内容等待着你们去发现和探索。

参考文献

[1] 徐新:《犹太文化史》,北京大学出版社,2011。
[2] 王戎:《亚洲国情文化丛书:以色列概论》,世界图书广东出版公司,2014。
[3] 张倩红:《以色列史》,人民出版社,2014。
[4] 张平:《密释纳·第1部》,商务印书馆,2020。
[5] 阿诺德·汤因比:《历史研究》,郭小凌等译,上海人民出版社,2010。
[6] 西蒙·蒙蒂菲奥里:《耶路撒冷三千年》,张倩红等译,民主与建设出版社,2015。
[7] 戈尔德施密特、戴维森:《中东史》,哈全安等译,东方出版中心,2010。

附录 1

中以交往一枝春

2022年1月24日是中国和以色列建立大使级外交关系的30周年纪念日。在过去的30年,中以关系已经发生了翻天覆地的变化,两国交往经历了前所未有的发展阶段。不仅如此,早在2017年,中以就正式为两国关系定位,确立了"创新全面伙伴关系",以创新为抓手,推进两国关系稳步向前发展。沉浸在喜悦之中的我,思绪禁不住回到建交之前的1988年。

那年的6月22日,当美联航从芝加哥直飞以色列的航班在本-古里安机场降落时,我即刻意识到自己的一个梦想成真了。与此同时,自己也在不经意间创造了一项无人可以打破的中以交往史记录:成为中国与以色列正式建立大使级外交关系之前第一位应邀访问以色列并即将在希伯来大学公开发表学术演讲的中国学者。当时的激动心情至今难忘,尽管在那以后我又先后十余次造访以色列,每次访问都有不小的收获,但1988年的访问毕竟是我第一次踏上以色列国土,第一次来到中东地区,第一次走到了亚洲的最西端,第一次如此近距离贴近以色列社会。

为什么得以在彼时造访以色列?如何在中以没有任何正式外交关系的情况下获得访问以色列的签证?我眼中看到的以色列是一个什么样子?此行对我的学术生涯会造成什么样的影响?

坦率地讲，希望有机会访问以色列的想法与我此前两年在美国的经历有着密切的关联。

我第一次走出国门是1986年夏，那是我在南京大学工作的第10个年头。与彼时绝大多数出国人员不同的是，我去美国并不是留学，而是到美国的大学（芝加哥州立大学）执教。在机场，我受到芝加哥州立大学英文系主任弗兰德教授（Professor James Friend）的亲自迎接。在驱车进城的路上，他热情地告诉我他和他的夫人决定邀请我住到他的家中，希望我能够接受他们的这一邀请。这当然是一件喜出望外的事，尽管我在之前与他的通信中（当时由于尚未有互联网，人们之间的联系主要依靠书信。而一封信件的来回大约需要一个月到一个半月）提及希望他能够帮助我在学校附近租一个房子，因为芝加哥州立大学在决定聘用我的信中明确表示学校不提供住处，必须自行解决住房问题。

弗兰德教授是犹太人，1985年秋，根据南大－芝州大友好学校交流协议曾来南大英文系任教。当时我是南大英文专业的副主任，除了行政方面的工作，还负责分管在英文专业任教外国专家的工作，因此与弗兰德教授有较为密切的接触，结下了深厚的友谊。实际上，我收到去芝州大教书的邀请就得益于他的推荐。他的夫人也是一位在大学教书的犹太人。他们的两个女儿当时已大学毕业离开了家，家中有空出的房间供我使用。能够住在他家中，显然为我这个初来乍到的人在美国生活开启了一个良好的开端，我没有丝毫犹豫就欣然接受。事实证明，由于是与一位熟悉的人生活在一起，我非常顺利地开始了在一个陌生国度的生活，没有经历绝大多数人都不可避免会在开始阶段感受到的文化冲击（culture shock）。我不用准备任何生活用品和油盐酱醋方面的物品，早晚餐和他们一起用，而且到学校教书，来回都搭弗兰德教授的便车（当然我当时尚不会驾车）。更为重要的是，生活在弗兰德的家中，不仅让我感受到家的温馨，认识和熟悉了他们的所有亲朋好友，而且与当地犹太社区有了广泛的接触。现在回忆起来，和他们生活在一起，简直就是以前所未有的方式"沉浸"在犹太式的生活之中，为我提供了一个了解犹太人和体验犹太式生活不可多得的绝佳机会。

在与犹太人交往的过程中，我对以色列这个世界上唯一的犹太国家开始有了新的认识：以色列不再只是依附于世界头号强国、不断引发周边冲突的暴力形象，而是一个为所有国民提供归属感的崭新国家。在那里，犹太民族成为主权民族，其传统不仅得到了很好的传承，而且不断发扬光大。我逐渐了解到古老的希伯来语早已在那里得到复活，成为以色列社会的日常用语，使用现代希伯来文进行文学创作的阿格农早在1966年便获得诺贝尔文学奖；基布兹作为以色列实行按需分配原则的农业形态一直生机勃勃，吸引了世界的目光。更重要的是，以色列被视为是世界上所有犹太人的共同家园。

新的认识使得我有了希望能够去看一看的想法。或许是那两年与众多犹太人有过频繁交往，或许是我在犹太社区做过一系列讲座的缘故，熟识的犹太朋友主动为实现我的这一愿望牵线搭桥——终于，在我决定回国履职之际，我收到以色列著名高等学府希伯来大学和以外交部的共同邀请，邀我对以色列进行学术访问。邀请方对我提出的唯一要求是希望我能够在希伯来大学做一场学术演讲，题目由本人决定。

根据安排，我有十天的访问时间。到达以色列时，我荣幸地受到以色列外交部的礼遇。中以建交后担任以色列驻华大使馆政治参赞的鲁思（Ruth）到机场接机，并陪同前往耶路撒冷的下榻饭店。具体负责我在以访问活动的是希伯来大学杜鲁门研究院院长希罗尼教授（Professor Ben-Ami Shillony）。次日上午，希罗尼教授如约来到饭店，与我见面。寒暄后，他递上了一份准备好的详细访问日程，并表示我有什么要求可以随时提出。

访问从驱车前往希伯来大学开始。在那里，我们除了参观了解希伯来大学，还重点参观了解了杜鲁门研究院，并参加了当日下午在杜鲁门研究院举行的研究院新翼图书馆落成揭幕式。由于新翼图书馆是美国人捐款建设起来的，美国驻以色列大使一行专程前来参加揭幕式。主宾的衣着令我印象深刻：以方的出席人员个个着西装领带，而美方人士则个个着休闲便装。而我事先了解到的以色列着装习俗应该是这样的：以色列人以随意著称，很少着西装打领带。可今天，出于对嘉宾的尊重,以方人员个个着西装打领带出席;而通常以正装出席揭幕式这类正式活动的美国人,为了表示对以色列人的尊重,特意着便装出席。彼此都为对方着想,表明两国不同寻常的亲密关系。

在接下来的参访中,几乎每一项活动都令我思绪万千,对我日后的学术研究产生重要影响。譬如,在参观了大屠杀纪念馆后,我在接受《耶路撒冷邮报》的采访时,说了这样的话:现在我终于明白犹太人为什么一定要复国。《耶路撒冷邮报》第二天报道了这一采访。对反犹主义的研究从此成为我学术研究的一个主攻方向。我不仅出版了《反犹主义解析》和《反犹主义:历史与现状》等专著,发表若干论文,而且在国内大力推动"纳粹屠犹教育",并作为中国代表出席联合国教科文组织在巴黎召开的"纳粹屠犹教育"国际会议。

在参观了"大流散博物馆"后,我对犹太人长达1800年的流散生活有了更直观的了解,感叹犹太传统在保持犹太民族散而不亡一事上发挥的作用。而博物馆中陈列的"开封犹太会堂"模型和专门为我打印的开封犹太人情况介绍促使我在回国后专程去开封调研,并把犹太人在华散居作为自己的另一个研究方向,其成果是两部英文著作和数十篇相关论文。

穿行在耶路撒冷的老城,我体验到了什么是传统和神圣;行走在特拉维夫,我感受到以色列现代生活的美妙和多姿多彩;在北部加利利地区的考察,令我切切实实地感受到以色列历史的厚重;而在南部内盖夫地区的参观,让我真真切切体验到旷野的粗犷;在马萨达的凭吊,令我感受到什么是悲壮;而在海法的游览,则使我体验到什么是赏心悦目;在基布兹的访问,令我这个曾经在农村人民公社劳动和生活过的人感慨万千——犹太人在农业上的创新做法和务实态度令我不停地发出种种追问,我被基布兹的独特性深深吸引,好奇心使我提出再参观一个基布兹的要求,并得到了满足。

由于我在南京大学最初的10年主要是从事美国犹太文学的研究,在访问期间,我提出希望能够会见以色列文学方面人士的要求,于是我便拜访了以色列文化部,并结识了文化部下属以色列希伯来文学翻译学院负责人科亨女士(Nilli Cohen)。科亨女士是学院负责在全球推广希伯来文学翻译的协调人,我与她建立了工作关系,并一直保持通讯联系。此外,我们还有幸拜会和结识了特拉维夫大学希伯来文学资深教授戈夫林(Nurit Govrin),在向她请教若干关涉现代希伯来文学的问题后,还请她推荐了一些作家和作品。由此,本人对现代希伯来文学的兴趣大增,在随后不到10年的时间内,经本人介绍给国内出版界的以色列当代作家多达50余位。1994年,我因译介现代希伯来文学再度受邀出访以色列。在出席以色列举办的"第一届现代希伯来文学翻译国际会议"之际,以色列作家协会为出席会议的中国学者专门举行了欢迎酒会,使我终于有了一个与绝大多数译介过的作家见面的机会。

我必须承认,在初次以色列之行中最触动我心灵的经历是与以色列一系列汉学家的见面交流。老实说,会见以色列汉学家并非出于本人要求,而是以色列接待方的精心安排,因为当时的我压根就不知道,也没有想到,以色列会有汉学家。以色列接待方根据我的身份——一个对犹太文化感兴趣的中国学者,认为安排我会见以色列的汉学家是一项有意义的活动。根据安排,我在特拉维夫大学会见了谢艾伦教授(Professor Aron Shai),他是一位史学家,专攻中国近现代史。我专门旁听了他的中国史课,并与学生进行了简单的交流。谢艾伦后来出任特拉维夫大学的教务长(相当于常务副校长)一职,不仅到南京大学访问过,还热情接待过由我陪同访问的南京大学校长代表团。我在特拉维夫大学会见的还有欧永福教授(Professor Yoav Ariel),他是研究中国古典文化的学者,将中国经典《道德经》译成希伯来文。在希伯来大学,我结识的汉学家有研究中国政治和外交的希侯教授(Professor Yitzhak Shichor),研究中国文化的伊爱莲教授(Professor Irene Eber)。此后我与伊爱莲教授多次在国际场合见面交流,友谊长存(伊爱莲教授于2019年与世长辞)。后来(1993年),在拜会以色列前总理沙米尔时,沙米尔在了解到我当时正在学习希伯来语后,告诉我以色列政府在50年代初就安排了一位名叫苏赋特(Zev Sufott)的以色列青年学习中文。尽管在随后的30年他一直学非所用,但是当1992年中以终于建交后,苏赋特出任以色列第一位驻华特命全权大使。

这一系列的会见使我惊叹不已。以色列这么一个小国（当时的人口尚不足 500 万），竟然有多位专门研究中国历史、文学、社会、政治、外交等方面的专家教授，其中有的还享有国际声誉。而就我所知，当时偌大的中国（人口是以色列的近 240 倍），却鲜有专事研究犹太文化者，中国高校亦无人从事犹太文学的教学！这一反差对我的冲击实在是太大了。作为一个在美国有两年时间"沉浸"在犹太文化中的人，出于一种使命感，我在以色列就发誓回去后一定投入对包括以色列在内的犹太文化研究。

回国后，我义无反顾投身于犹太学研究，确立了自己新的研究方向、开启一个全新治学领域，同时在南京大学创办了犹太和以色列研究所，组织编撰了中文版《犹太百科全书》，率先向国内学界介绍引入现代希伯来文学，建起了一座英文书籍超过三万册的犹太文化图书特藏馆，召开了包括"纳粹屠犹和南京大屠杀国际研讨会"与"犹太人在华散居国际研讨会"在内的大型国际会议，培养了 30 多名以犹太学为研究方向的硕士生和博士生……进而勾勒出了中国犹太 / 以色列研究的概貌。

回望过往，发生的一切显然过于神奇，只能用"奇迹"来描述。

而这一切源于 1988 年以色列的处女之旅。从此，以色列对于我而言，是一个令奇迹发生的国度。

徐新

2022 年岁首

附录2

南京大学黛安／杰尔福特·格来泽犹太和以色列研究所简介

1992年,借中国和以色列国正式建立大使级外交关系之东风,南京大学批准成立一专事犹太文化研究兼顾教学的学术研究机构——南京大学犹太文化研究所。不过,在这之前,南京大学就已经开始对犹太文化进行研究,主要由南京大学学者牵头的学术团体"中国犹太文化研究会"(China Judaic Studies Association)于1989年4月宣告成立,并卓有成效地开展工作。随着犹太文化研究的深入,搭建一个平台(即建立研究所)显得十分重要,而这样的研究机构的出现在中国高等教育系统尚属首次。研究所正式成立的时间为1992年5月,最初名为"南京大学犹太文化研究中心",2001年更名为"南京大学犹太文化研究所"。2006年,为感谢有关基金会和个人的支持,特别是设在美国洛杉矶的黛安／杰尔福特·格来泽基金会的慷慨支持,研究所于是改名为"黛安／杰尔福特·格来泽犹太和以色列研究所",该名称沿用至今。

研究所建立之初确立的宗旨是:更好地增进中犹双方的友谊,满足中国学术界日益增长的对犹太民族和文化了解的需求,推动犹太文化的研究和教学在国内特别是在高校系统的进一步开展,培养这一学术领域的专门人才,以此服务于中国当时方兴未艾的改革开放事业,推动中国与世界的进一步融合。"不了解犹太,就不了解世界"是研究所当时提出的口号,该口号简洁明了地表明这一研究机构成立的动因。

研究所在其30年的历史中成绩斐然,包括:

● 组织撰写并出版首部中文版《犹太百科全书》(上海人民出版社,1993年),该书成为中国最具权威和广泛使用的一本关涉犹太文化的大型工具书(200余万字,1995年获"全国最佳工具书奖");撰写并出版包括《犹太文化史》(北京大学出版社,2006年)、《反犹主义:历史与现状》(人民出版社,2015年)在内的著作10余部;组织翻译并出版犹太文化方面的著作20余种;编辑出版"南京大学犹太文化研究所文丛"一套;同时发表各类论文超过100篇。

● 在南京大学逐步开设一系列犹太文化方面的课程,不仅有专门为本科生开设的课程,更多的是为研究生开设的课程。

● 招收和指导犹太历史、文化和犹太教研究方向的硕士研究生和博士研究生。已有30多名研究生在研究所学习,从本研究所获得博士学位的研究生超过15人,大多数学生毕业后在中国各大学执教,讲授犹太历史文化方面的课程。

● 组织举办大型国际学术研讨会,促进中外学者之间的交流和研讨,包括1996年在南京大学召开的"第一届犹太文化国际研讨会"、2002年召开的"犹太人在华散居国际会议"、2004年召开的"犹太教与社会国际研讨会"、2005年召开的"纳粹屠犹和南京大屠杀国际研讨会",以及2011年召开的"一神思想及后现代思潮研究国际研讨会"。

● 举办犹太历史文化暑期培训班3期,聘请国际犹太学学者授课,受训的中国各高校和研究机构的教师、研究人员和研究生达100人,有力促进了犹太文化教学和研究在国内高校的开展。

● 开展国际合作,先后举办各种类型的犹太文化展近10次,内容涉及犹太历史、犹太文化、以色列社会、美国犹太社团、犹太学研究、纳粹屠犹、犹太名人等,促进了中国社会对犹太历史文化的了解,增进了中犹人民间的友谊。

● 邀请超过 50 位国际著名犹太学者来华、来校进行交流、讲学，演讲场次超 100 场。

● 大力开展对犹太人在华散居史的专门研究，特别是对中国开封犹太人的研究。已发表专著 2 部（英文、美国出版）、论文数十篇，在国际学术界能够代表中国学者在这一研究领域的水平。

● 建立起中国迄今为止规模最大的犹太文化专门图书馆，仅英文藏书就已超过 3 万册，涉及犹太文化研究的方方面面。

● 与若干国际学术机构建立联系或互访，包括美国哈佛大学犹太研究中心、耶希瓦大学、希伯来联合学院、宾夕法尼亚大学、加州大学、布朗大学、以色列希伯来大学、特拉维夫大学、巴尔伊兰大学、本-古里安大学、英国伦敦犹太文化教育中心等。

● 积极筹措资金，为犹太文化研究和教学的开展提供经费支持。除了众多个人捐助，还有许多给予研究所各种研究和教学资助的国际基金会，包括：黛安/杰尔福特·格来泽基金会、斯格堡基金会、罗斯柴尔德家庭基金会、布劳夫曼基金会、列陶基金会、犹太文化纪念基金会、博曼基金会、卡明斯基金会、散居领袖基金会等。10 余年运作下来，本研究所的规模不断扩大，收益稳定，每年的收益已经能够确保每年发放奖学金数十份、奖励犹太文化研究领域的师生多名，并为各类学术活动提供经费支持。

需要特别指出的是，积极参加国际学术活动和开展国际学术交流会是南京大学犹太文化研究所学术活动的重要特点。在将国际犹太学者"请进来"的同时，研究所的教师也已大步地"走出去"。研究所的研究人员多次外出访问，特别是美国、以色列、德国、英国、加拿大等国，或在国际会议中宣读论文、交流学术，或担任客座教授讲学授课。据不完全统计，本所研究人员在若干国家发表过的学术演讲已达 700 余场次。此外，研究所每年都会选派研究生前往以色列有关大学进修或从事专题研究。通过这类学术活动，研究所与世界范围内的犹太学术界、犹太人机构及犹太社区建立了广泛而密切的联系，在扩大影响的同时，又推动了研究所各项工作的开展。

南京大学犹太文化研究所因其在犹太和以色列研究领域中取得的成就，已成为中国高校中最早对犹太文化进行系统研究并取得丰硕成果，同时又具有较高国际知名度的一所文科研究机构。